PUPPENSPIEL

ARBEITSMATERIAL AUS DEN WALDORFKINDERGÄRTEN

Heft 7

Herausgegeben von der
Internationalen Vereinigung der Waldorfkindergärten

# PUPPENSPIEL

Anleitungen für die Einrichtung
verschiedener Spielmöglichkeiten und
die Herstellung einfacher Figuren

Von Freya Jaffke

Zeichnungen von Christiane Lesch

VERLAG FREIES GEISTESLEBEN

CIP-Kurztitelaufnahme der Deutschen Bibliothek

*Jaffke, Freya:*
Puppenspiel: Anleitungen für d. Einrichtung
verschiedener Spielmöglichkeiten u. d. Herstellung
einfacher Figuren / von Freya Jaffke.
Zeichn. von Christiane Lesch. – 3. verb. Aufl. –
Stuttgart: Verlag Freies Geistesleben, 1991.
(Arbeitsmaterial aus den Waldorfkindergärten; H. 7)
ISBN 3-7725-0377-2

NE-GT

3. Auflage 1991
Einband: Walter Krafft
Fotos: I. Zickwolff, F. Jaffke

Satz und Druck: Greiserdruck Rastatt

# Inhalt


Vorwort 6

Gedanken zum Puppenspiel 8

Verschiedene Arten von Puppenspielen 10

Das Spiel mit den Händen 10
- Herstellung von Knotenpuppen und Knotentieren 13
- Figuren aus ungesponnener Schafwolle 15

Das Spiel mit Stehpuppen 18
- Herstellung der Stehpuppen 18
- Der Szenenaufbau 21
- Spielanweisung 22
- Wie Kinder nachahmend solche Spiele aufgreifen 24
- Mitgeschriebene Erzählungen aus Kindermund 25

Das Spiel mit Marionetten 27
- Herstellung der Marionetten 27
- Geeignete Texte 35
- Die Bühne 35
- Der Spieler 38
- Der Erzähler 42
- Die Musik 45

Das Marionettenspiel mit Kindern 46
- Herstellung der Marionetten für die Kinderhand 46
- Spielanweisungen 48

Das Handpuppenspiel 50
- Herstellung der Handpuppen
  - mit plastizierten Köpfen 50
  - mit Köpfen aus ungesponnener Schafwolle 53
- Die Kulissen 56
- Zum Führen der Figuren 57
- Der Erzähler 58

Das Kasperlespiel 59
- Die Bedeutung des Kaspers für das jüngere Schulkind 59
- Kinder spielen mit Handfiguren 61

Die Bedeutung der unterschiedlichen Führungsarten im Puppenspiel für die verschiedenen Altersstufen der Kinder 62

Anregung zum Inhalt von Kasperlstücken (Hanne Huber) 65

Bezugsquellen 68

## Vorwort

Ein etwa fünfjähriger Junge, der beim Tischgespräch der Erwachsenen vom Wort «Schauspieler» tief beeindruckt war, verkündet auch bald danach seinen Berufswunsch: «Ich will einmal auch Schau-Spieler werden!» Wie kommst du denn darauf, wird er gefragt. «Dann kann ich immer schauen und spielen», antwortete er mit leuchtenden Augen.

Der kleine Kerl wußte nicht, wie treffend er seinen gegenwärtigen «Beruf» als Kind beschrieben hatte: Schauen, Wahrnehmen mit allen Sinnen, Eins-Sein mit allen Tätigkeiten und Begebenheiten der Umwelt, das ist ja die eine Seite des Lebens in diesem Alter, die Rudolf Steiner anspricht mit dem Schlüsselwort: *«Das Kind ist im Ganzen Sinnesorgan.»*[1] – Die andere Seite des Kindseins aber, das Verarbeiten und tätige Einverleiben der Erlebnisse und Erfahrungen – ist das Spielen. Im heiligen Eifer und sinnenden Versinken im Spiel übt das Kind, seine schöpferischen Kräfte mit der Wirklichkeit des Lebens zu verbinden. Dabei nimmt das Kind zwar nachgestaltend auf, bleibt aber kraft seiner Phantasie der souveräne Herrscher in seiner selbsterschaffenen Spielwelt. Das ist das tiefe Geheimnis der Nachahmung, die im Gegensatz zum Nachmachen oder Kopieren ein von den verborgenen Ichkräften bestimmter und geistig belebter Vorgang ist. So ist das andere Schlüsselwort Rudolf Steiners zu verstehen: *«Frei wird man nur, wenn man zuerst als Kind möglichst intensiver Nachahmer war.»*[2]

Erhalten unsere Kinder für ihre Sinne das, was sie gesund und kräftig heranwachsen läßt, was sie nicht überreizt, sondern in die Tätigkeit, in das nachahmende Spiel führt? In vergangenen Zeiten geschah genug Anschaubares um ein Kind herum, so daß es von selbst in nachahmendem Tun aufwuchs. Das ist heute, und besonders bei den Fernseh-Kindern, nicht mehr der Fall. Wir müssen unser Bewußtsein darauf richten, daß die Kinder Nachahmer werden können. Der Erzieher im Elternhaus und im Kindergarten

1 R. Steiner, 1. Vortrag in «Die Methodik des Lehrens und die Lebensbedingungen des Erziehens», GA 308.

2 Dieses und das weitere Zitat sind den Vorträgen Rudolf Steiners entnommen, die unter dem Titel «Die Erziehungsfrage als soziale Frage» erschienen sind (Rudolf Steiner Verlag, GA 296).

steht vor der Frage, wie er sein eigenes Leben und das Leben des Kindes gestalten muß, damit dieses zum Nachahmen und zum phantasievollen Spielen kommen kann. Die naturgemäße Kraft des Kindes, die sich hier regt, muß gerade in unserer Zeit, die um Sozialismus in gerechter, menschengemäßer Ordnung ringt, intensiv ausgebildet werden. Die Erziehungsfrage ist die Grundfrage des sozialen Lebens geworden. «Die Menschen werden nicht freie Wesen werden, trotz aller Deklamation und trotz alles politischen Gewimmers über Freiheit, wenn die entsprechende Kraft der Nachahmung im Kindesalter nicht eingepflanzt wird.» – So ernst und folgenreich ist, was heute in den Kinderstuben geschieht.

Das ganze Leben – nicht nur in Haus und Garten, auch in Geschichten und Märchen, Dichtung und Phantasie – kann zu Tätigkeit werden im Puppenspiel: Anschauung beim Zuschauen, Nachahmung beim eigenschöpferischen Spielen. Das Spiel mit der Puppe, vom Knotenpüppchen bis zur Marionette im Bühnenaufbau, ist für uns Erzieher so bedeutungsvoll, weil es dabei immer um menschliche Zusammenhänge, menschliche Fürsorge, Erlebnisse und Schicksale geht, die durch die Puppe bildhafte Wirklichkeit werden. Das Gebiet des Puppenspiels ist so reich und mannigfaltig wie das Leben selbst. Darum ist der Einblick in eine Werkstatt des Puppenspieles, die einen klar durchdachten Weg führt, so anregend. Der Erwachsene will nicht nach-ahmend, sondern nachdenkend handeln. Die Einsicht in die tiefere Bedeutung einerseits, die konkrete Gebrauchsanweisung auf der anderen Seite, macht ihn produktiv. Diese Aufgabe wird hier durch die Mitteilung von Erfahrungen und Handhabungen gelöst. Wir schauen in eine Werkstatt – und fühlen uns angeregt, nun unsere «Werkstatt» aufzuschlagen. Daß das in vielfältiger Weise und zum Gedeihen der Kinder geschehe, ist der Wunsch, mit dem dieses Buch seinen Weg zu allen Erziehern sucht. Wo es umgesetzt wird in Spiel und Frohsinn der Kinder, kann der mächtigste Gegner kindlicher Spiel- und Tätigkeitsfreude, das Fernsehen, abgeschaltet bleiben.

*Helmut von Kügelgen*

# Gedanken zum Puppenspiel

Bei der Fülle der Puppenspiele, die heute in mannigfaltiger Weise weltweit angeboten werden, ist es angebracht, sich Gedanken darüber zu machen, welche Arten von Spielen für die Kinderstube besonders geeignet sind. Werden die Spiele nach pädagogischen Gesichtspunkten eingerichtet, so dürfen sie nicht nur zeitfüllend sein, sondern sollen eine entwicklungsfördernde Aufgabe haben.
So will dieses Buch in eine kleine Puppenspielerwerkstatt Einblick geben, in der, von kleinen Finger- und Handspielen ausgehend, ein Weg gezeigt wird zu dem Spiel mit einfachen Marionetten und Handpuppen. Es kommt besonders darauf an, daß die Figuren sorgfältig und in der Ausformung zurückhaltend gearbeitet werden, damit die kindlichen Phantasiekräfte ein genügend reiches und anregendes Betätigungsfeld vorfinden. Aus diesem Grunde wird auch großer Wert auf die Qualität und Zusammenstellung der Farben, sowohl an den Gewändern der Figuren als auch im «Bühnenbild», gelegt. Auch ist auf die differenzierte Art der Führung der Figuren, auf die Sprache des Erzählers und den sorgfältigen Aufbau der Szenen besonders zu achten. Jede Mühe in dieser Beziehung lohnt, wenn man daran denkt, wie intensiv die Kinder alle Geschehnisse über die Sinne bis tief in den Leib hinein wahrnehmen. Die große Hingabefähigkeit und Offenheit der Kinder gegenüber allem Tun in der Umwelt sind es, die auch auf diesem Gebiet die nötige Verantwortlichkeit und Begeisterung im Erwachsenen beflügeln.
Das innigste Spiel mit Puppen entspringt bei Kindern wohl aus dem Bedürfnis heraus, das, was sich an ihnen und mit ihnen in einer Menschengemeinschaft vollzieht, nachzuahmen, d. h. mit dem eigenen Willen zu ergreifen. Ob solch eine Puppe, die ja immer das Menschenabbild ist, aus einem Stöckchen, einem Holzscheit, einem umwickelten Grasbüschel, einem geknoteten Tuch besteht oder von der Mutter oder dem Kind selbst genäht wurde, wird der jeweiligen Situation entsprechen. Ablesbar ist daran der Drang der Kinder, Menschliches nachzuvollziehen, sich an den Lebenstätigkeiten der Menschen in ihrem Umkreis zu orientieren.
Je einfacher ein Puppenkind gestaltet ist, um so stärker wird die innere Aktivität der Kinder herausgefordert. Mit Hilfe der kindlichen Phantasie wird Fehlendes ergänzt. In jedem Kinde schlummert die Fähigkeit, die nur angedeuteten Formen zu der Vollständigkeit des Selbsterlebten zu bringen. Das bezieht

sich auch auf den ganzen Gefühlsreichtum, wie er vom Kinde empfunden wird. Es sieht Lachen und Weinen an seiner Puppe, fühlt ihr Fieber und Frieren, d. h. das jüngere Kind prägt der Puppe seine eigenen Empfindungen auf.

Diese Tatsache ist auch für die Gestaltung jener Puppen bedeutungsvoll, mit denen wir eine Geschichte oder ähnliches ins Bild bringen wollen, denn wir wirken auf die Aktivität der inneren Gestaltungskräfte der Kinder. Äußerlich trägt ja die Puppe ihr Aussehen unverändert durch die Handlung hindurch: ob sie in den wechselnden Situationen lacht, weint oder ängstlich ist, ob sie eilt oder behäbig dasitzt, ihr Gesicht bleibt stets dasselbe. Wenn der Gesichtsausdruck nur angedeutet und somit freilassend ist, dann erzeugt der Zuschauer das wechselnde Mienenspiel, so wie er selber jeweils schmunzelt, herzhaft mitlacht oder vorübergehend traurig ist. Deswegen kann auch auf karikierende Überformungen (z. B. Hexe mit zu langer Nase) für die kleinen Kinder vor dem Schuleintritt verzichtet werden. Denn die zuschauenden oder hineinschauenden Kinder werden dann zu mitschaffenden. Das tiefere Wesen, der Charakter einer Figur kann sich vor allem durch die Farben des Gewandes offenbaren. Ein goldgelbes Königsgewand mit einem Purpurmantel z. B. strahlt einfach Würde aus, und ein rötlich-violettes Gewand einer alten, weisen Frau wirkt ehrfurchtgebietend. Niemals würde man eine böse Gestalt mit zarten, lichten Farben umgeben, sondern eher gedämpfte, dunklere Töne wählen.

Wenn die Kinder solche einfachen, aber wesenhaften Figuren als Mittler des dichterischen Wortes erleben, dann bedeutet das Nahrung für ihre innerlich regsamen Kräfte, die stark nach Betätigung drängen und oft nur Ungeeignetes für ihre Impulse zu nachahmendem Tun empfangen.

Es könnte hier die berechtigte Frage auftauchen, ob denn nicht generell jene Bilder, die sich Kinder durch Erzählungen innerlich selbst machen, wertvoller seien als die von außen angeschauten. Dies kann nur bejaht werden. Und dennoch muß man dieses innere «Bildern» gelegentlich – d. h. nicht zu oft – von außen in oben geschilderter Weise anregen und heutzutage, wo den Kindern überall Verzerrungen der Menschengestalt begegnen, heilend beeinflussen.

# Verschiedene Arten von Puppenspielen

## Das Spiel mit den Händen

Das erste Spiel eines ganz kleinen Kindes ist das Spiel mit seinen eigenen Händen. Voll Freude und Zufriedenheit bewegt es diese, von einer zur anderen Hand schauend, und erlebt in der Begegnung beider Hände manch freudige Überraschung. Hat sich das Kind dann aufgerichtet und damit seinen Gesichtskreis erweitert, so findet es größten Gefallen an den kleinen geformten Spielen, die die Mutter mit seinen Händen spielt, und es drängt unermüdlich auf Wiederholung.

«Das ist der Daumen,
der schüttelt die Pflaumen,
der hebt sie alle auf,
der trägt sie nach Haus,
und der Allerkleinste
ißt sie alle auf.»

«Ich schenk dir einen Taler,
geh auf den Markt, kauf dir eine Kuh
und ein Kälbchen dazu.
Das Kälbchen hat ein Schwänzchen,
und das Schwänzchen
macht dille, dille, dänzchen.»

Weitere Spiele, bei denen das kleine Kind voll Hingabe zuschauen kann, spielt die Mutter mit ihren eigenen Händen. Staunend erlebt das Kind, wie aus der geballten Faust mit zwei ausgestreckten Fingern eine Schnecke wird, die langsam über den Boden kriecht; oder wie die beiden Daumen zu zwei lustigen Gesellen werden, die immer wieder auftauchen und verschwinden, z. B. mit folgenden Worten:

«Da kommen zwei Gesellen an,
der eine heißt Pitt, der andere Jan.
Weg Pitt, weg Jan.
Da kommen sie beide schon wieder an . . .»

Solch ein einfacher Vers kann ja beliebig variiert werden und wird stets neue Freude erwecken.
Ein wenig anspruchsvoller und doch denkbar einfach sind solche Spiele mit den Händen, bei denen man einige einfarbige Tücher hinzunimmt. Wie schnell ist aus einem Taschentuch oder einer Stoffserviette eine menschliche Gestalt oder eine Schnecke, ein Hase geknotet. Und wie einfach ist durch ein über den Schoß gelegtes Tuch und ein über eine erhobene Hand gehängtes weiteres Tuch eine Landschaft mit Wiese oder Berg, mit Baum oder Brücke entstanden. Nun bedarf es nur noch eines kleinen Repertoires an schönen

und geeigneten Kinderversen. Und wenn man dann mit ein wenig Einfühlungsvermögen in charakteristische Gesten, etwas Phantasie und Lust «ans Werk» geht, so wird man mit einer interessierten und dankbaren Zuschauer- und Zuhörerschaft rechnen können.

Auch noch für Kinder bis zum Schuleintritt sind solche kleinen Spiele geeignet, besonders wenn es darum geht, die Kinder von irgend etwas abzulenken, zu beruhigen oder längere Wartezeiten, z. B. beim Arzt, zu überbrücken. Untätige Kinder werden leicht unzufrieden oder geraten ins Toben. Wenn sie aber überraschend miterleben können, wie in den Händen der Mutter allerlei Wesen zum Leben erweckt werden, dann fühlen sie sich unmittelbar «angesprochen», ja empfinden u. U. die größte Lust – selbstverständlich ist es abhängig vom Alter und der zunehmenden Geschicklichkeit –, selbst eigene Gestalten herzustellen. Dadurch, daß das kleine Kind so intensiv alles Geschehen, alle feinen Gesten in seiner Umgebung wahrnimmt, wird es im Wiederentdecken der nachgeahmten Gesten mit Hilfe seiner Phantasie größte Befriedigung empfinden.

Drei leicht zu gestaltende Kinderverse seien beispielhaft angeführt. Eine Fülle weiterer Beispiele ist in dem Büchlein «Rhythmen und Reime»[3] zu finden.

Ach, wie langsam, ach, wie langsam
Kommt der Schneck von seinem Fleck!
Sieben volle Tage braucht er
Von dem Eck zum andern Eck!

Ach, wie langsam, ach, wie langsam
Schleicht der Schneck durchs Gras daher!
Potz, da wollt ich anders laufen,
Wenn ich solch ein Schnecklein wär!

*F. Güll*

Zwei Vöglein schlafen im Nest,
ganz fest.
Das erste erwacht,
flattert und lacht,
fliegt ein Stück,
und fliegt ins Nest zurück.
Das zweite erwacht,
flattert und lacht,
fliegt ein Stück,
und fliegt ins Nest zurück.
Nun fliegen sie beide
durch Wald und Heide,
sie lachen vor Glück
und fliegen zurück.
Zwei Vöglein schlafen im Nest,
ganz fest.

*H. Diestel*

3 Heft 6 dieser Reihe, 4. Auflage, Stuttgart 1984.

Unter einem grünen Tännlein
Wohnt ein winzig Wurzelmännlein.
Klopft und pocht den ganzen Tag,
Tut so manchen Hammerschlag.
Und das Tännlein steht und rauscht,
Wiegt sich hin und her und lauscht . . .

Abends schläft das Tännlein ein.
Männlein läßt sein Hämmern sein,
Und der Mond in großem Bogen
Kommt am Himmel hergezogen.

Lustig wird das Männlein nun,
Mag nicht schlafen, mag nicht ruhn.
Tanzt in Wurzelmännleins Weise
Um das Tännlein rund im Kreise.
Schwingt sein Mützchen hin und her,
In die Kreuz und in die Quer.

Kommt der Morgen, sitzt das Männlein
Wieder ruhig unterm Tännlein.
Klopft und pocht den ganzen Tag,
Tut so manchen Hammerschlag,
Und das Tännlein steht und rauscht,
Wiegt sich hin und her und lauscht . . .

*Hedwig Diestel*

## Herstellung von Knotenpuppen und Knotentieren

Material: verschiedene, einfarbige Tücher, etwas ungesponnene Schafwolle

Für die *Menschengestalt* werden aus einem Zipfel eines Tuches der Kopf, aus zwei Zipfeln die Arme geknotet. Ist das Tuch sehr weich und nicht zu klein, so nimmt man es an der markierten (X) Stelle auf und macht aus diesem herausgezogenen Zipfel einen einfachen Knoten als Kopf. Aus den beiden kürzeren Zipfeln knotet man die Hände. Als Großmutter kann sie ein Kopftuch bekommen. Dem Großvater oder Schäfer steckt man ein wenig Wolle in den Knoten als Bart.
Für die *Tiergestalt* sei beispielhaft die Schnecke beschrieben:
In zwei Zipfel des Tuches ganz ans Ende je

einen kleinen Knoten machen. Diese beiden Zipfel dann zusammennehmen und einen Knoten als Kopf knoten. Aus dem Rest des Tuches wird entweder aus zwei übereinander ausgeführten Knoten, oder indem man das Tuch mehrmals um die Hand wickelt und dann erst knotet, das Schneckenhaus geformt.

Je nachdem, ob solch ein Knoten in einem Tuch ein wenig in die Länge gezogen oder rundlich geformt wird, oder ob mehrere Knoten unterschiedlicher Größe an ein Tuch angebracht werden, hat die kindliche Phantasie Gelegenheit, typische Gestalten (Hasen, Füchse, Schafe u. v. m.) darin wiederzuerkennen.

Das Charakteristische eines Wesens kann gut auch durch die Farbe des Tuches zum Ausdruck gebracht werden. So wird z. B. ein grüner Knoten ohne weiteres zum Frosch, ein blauer vielleicht zum Vogel im Nest.

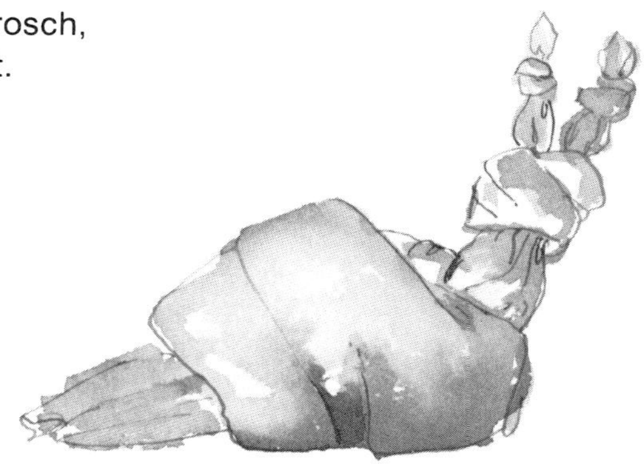

## Figuren aus ungesponnener Schafwolle

Auch aus ein wenig ungesponnener Schafwolle lassen sich leicht Menschen- und Tiergestalten formen.
Für die *Menschengestalt* zupft man die Wollflocke säulenförmig, achtet aber darauf, daß am oberen Ende eine schöne Rundung für den Kopf entsteht. Dann bindet man etwa ein Drittel bis ein Viertel der Höhe mit einem herausgezupften Wollfädchen als Kopf ab. Eventuell bindet man noch ein Fädchen ganz locker um die Körpermitte. Die Arme lassen sich leicht herauszupfen, die Hände u. U. wieder ein wenig abbinden. Auch z. B. Zöpfe oder Haarknoten können entsprechend herausgezupft und abgebunden werden.
Für die *Tiergestalt* wird die Wollflocke eiförmig gezupft und geformt. Etwa ein Drittel wird für den Kopf mit einem herausgezupften Wollfädchen abgebunden. Die jeweils typischen Ohren werden vorsichtig aus dem Kopf herausgezogen und ein wenig zwischen zwei Fingern gedreht. Das Gedrehte löst sich wieder, aber die Ohrenform bleibt dadurch besser erhalten.
Eine Möglichkeit, *Tierfiguren mit Beinen* aus ungesponnener Wolle herzustellen, ist beispielhaft am Schäfchen beschrieben.

### Schäfchen

Material: Biegeplüsch; Pfeifenputzer sind möglich für sehr kleine Schäfchen,
gekämmte, ungesponnene Schafwolle, möglichst in einem Strang (Kammzug),
Stopfnadel oder Teppichnadel mit sehr dickem Öhr.

Für ein Schaf braucht man zwei gleichlange Stücke Biegeplüsch, z. B. je 25 cm. Von der Länge der Stücke hängt die Größe der Schafe ab. Mit dem 1. Stück wird der Kopf und die Vorderbeine, mit dem 2. Stück der Bauch und die Hinterbeine jeweils in der gewünschten Stellung geformt. Bei einem liegenden Schaf kann auf Hinterbeine verzichtet werden. Man wickelt die Enden um den Bauchring.
Das erste Stück des Biegeplüsches auf die Hälfte biegen. Nach ca. 3,5 cm die beiden Enden zusammendrehen und die Schlinge für den Kopf oval formen. Nach etwa drei Umdrehungen für den Hals die Enden für die Vorderbeine auseinanderbiegen.
Nun das zweite Stück Biegeplüsch auf die Hälfte knicken und um das Ende des Halses legen. Eine oder u. U. zwei feste Umdrehungen ausführen. Es soll nicht wackeln. Nach

der Bauchschlinge die Enden 1½ mal umdrehen und die Hinterbeine auseinanderbiegen. Die Maßangaben sind nur Anhaltspunkte. Man wird sehr schnell einen Blick für die jeweils richtige Proportion gewinnen.
Mit einem sehr dünnen Wollstrang an den Füßen mit dem Umwickeln beginnen. Je feiner der Wollstrang, um so besser schmiegt sich die Wolle zusammen. Wenn alle vier Beine umwickelt sind, folgt das Umwickeln des Kopfes, des Halses und zuletzt des Bauches in der jeweils erforderlichen Stärke.
**Ohren:** Mit der dicken Nadel ein wenig Wolle an der entsprechenden Stelle durch den Kopf ziehen, in Ohrlänge abzupfen und ein wenig formen.

**Schwanz:** Ganz wenig Wolle herauszupfen, zwischen zwei Fingern etwas drehen, so daß der Schwanz in der richtigen Länge und Dicke entsteht.

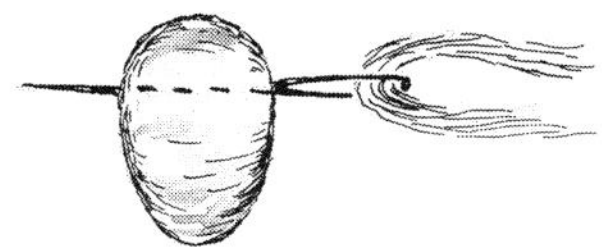

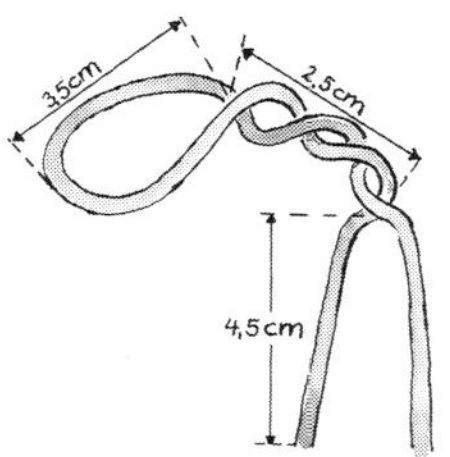


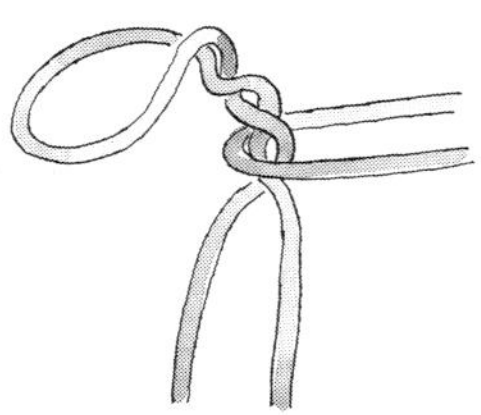

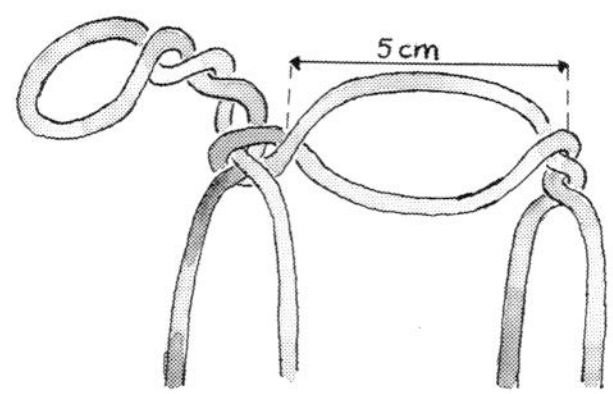


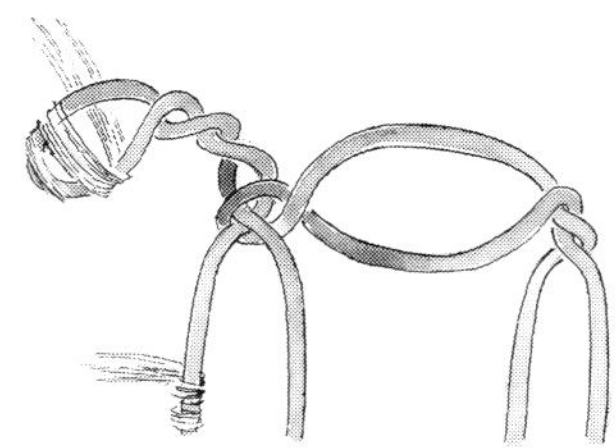

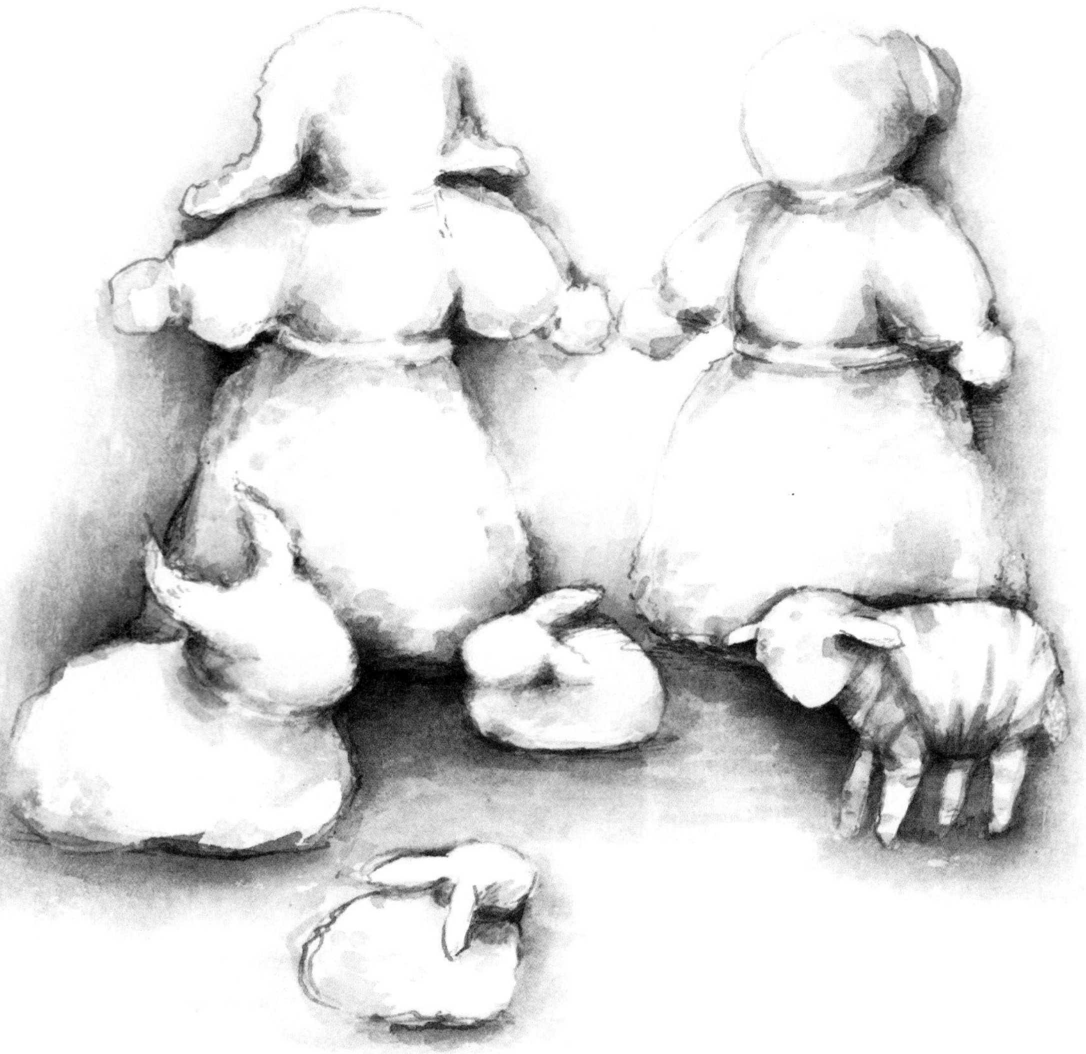

# Das Spiel mit Stehpuppen

## Herstellung der Stehpuppen

Material: Stoff- oder Filzreste,
Trikot für den Kopf,
weiße, ungesponnene Schafwolle zum Ausstopfen,
gelbe und braune ungesponnene Schafwolle für die Haare,
Nähzeug

Ein wenig gezupfte und dann rundgeformte Schafwolle wird mit einem quadratischen Stück Trikot umhüllt und am Hals abgebunden. Es kann der Kopf auch nur aus Schafwolle bestehen. Dann formt man aus der Wolle eine Säule und bindet nur den Kopf ab, achtet aber darauf, daß er schön rund wird. Für das Gewand wird ein rechteckiges Stück Filz oder Stoff (14×22 cm bei einer Kopfhöhe von 4 cm, oder 7,5×14 cm bei einer Kopfhöhe von nur 3 cm) zusammengenäht. (Die Gewandlänge entspricht ca. 3 Kopfhöhen.) An der oberen Kante wird ein Kräuselfaden durchgezogen. Dann näht man das Gewand an den Kopf. Ein wenig farbige Schafwolle wird als Haarschopf leicht am Kopf angenäht oder mit Wolle gestickt. Augen und Mund werden gegebenenfalls mit einem Buntstift leicht angedeutet. Man kann das Gewand noch mit etwas Wolle ausstopfen, damit die Puppe einen sicheren Stand hat.

Die so entstandenen Puppen werden nun noch mit einer einfachen «Hülle» umkleidet, einem Umhang oder Schultertuch. Hüte sind leicht aus einem runden Stück Filz herzustellen, bei dem ein Kräuselfaden so durchgezogen wird, daß ein etwas welliger Hutrand entsteht. Der Hut wird am Kopf mit wenigen Stichen befestigt.

Auf weitere, differenzierter ausgestaltete Kleidungsstücke, z. B. eine Trägerschürze, sollte man bewußt verzichten. Sie sind eher für Puppen mit Gliedmaßen geeignet.

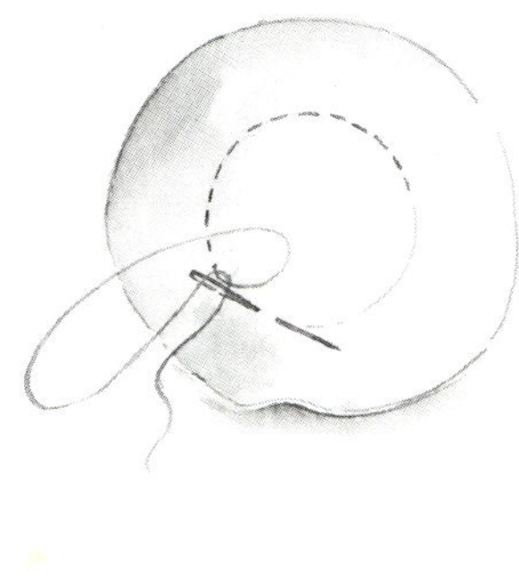

## Der Szenenaufbau

Auf einem Tisch oder auf dem Fußboden wird ein großes einfarbiges Tuch ausgebreitet. Darauf wird mit weiteren einfarbigen Tüchern, mit Rindenhölzern, Kiefernzapfen, Steinen, Muscheln u. a. m. eine «Landschaft» aufgebaut, durch welche die Figuren geführt werden.
Anhand der Geschichte «Vom Büblein, das überall mitgenommen hat sein wollen» wird beispielhaft angegeben, was für die Szene benötigt wird.

## Vom Büblein, das überall mitgenommen hat sein wollen

(Nach F. Rückert)

Denkt euch, das Büblein ist einmal
spazierengegangen im Wiesental.
Da sind die Hasen gesprungen –
da haben die Vögel gesungen –.
Da hat das Büblein gejauchzt und gelacht
und hat gerufen: Hier ist es schön,
so möcht ich immer weiter und weiter gehn!

So ist das Büblein einmal
spazierengegangen im Wiesental.
Da wurde es müd gar sehr,
und sagt: Ich mag nicht mehr.
Wenn nur was käme und mich mitnähme.

Da ist das Bächlein geflossen gekommen
und hat das Büblein mitgenommen.
Das Büblein hat sich aufs Bächlein gesetzt
und hat gesagt: So gefällt mir's jetzt.

Aber was meinst du? Das Bächlein war kalt,
das hat das Büblein gespürt gar bald,
es hat gefroren so sehr,
es sagt: Ich mag nicht mehr.
Wenn nur was käme und mich mitnähme.

Da ist das Schifflein geschwommen
gekommen,
und hat das Büblein mitgenommen.

Das Büblein hat sich aufs Schifflein gesetzt
und hat gesagt: Da gefällt mir's jetzt.

Aber siehst du, das Schifflein war schmal,
das Büblein denkt: Da fall ich einmal.
Da fürchtet's sich sehr
und sagt: Ich mag nicht mehr.
Wenn doch was käme und mich mitnähme.

Da ist die Schnecke gekrochen gekommen,
und hat's Büblein mitgenommen.
Das Büblein hat sich aufs Schneckenhäuslein
gesetzt,
und hat gesagt: Da gefällt mir's jetzt.

Aber denk! Die Schnecke war kein Gaul,
sie war im Kriechen gar zu faul,
dem Büblein ging's langsam zu sehr,

es sagt: Ich mag nicht mehr.
Wenn nur was käme und mich mitnähme.

Da ist ein Rößlein dahergekommen
und hat das Büblein mitgenommen.
Das Büblein hat sich aufs Rößlein gesetzt
und hat gesagt: So gefällt mir's jetzt.

Aber gib acht! Das ging wie der Wind.
Es ging dem Büblein gar zu geschwind.
Es hopst auf dem Rößlein hin und her,
und schreit zuletzt: Ich kann nicht mehr!
Und plumps, da liegt es schon im Gras.
Das Rößlein guckt: Was ist mir das?
Und hurtig es von dannen sprengt.
Das Büblein aber steht und denkt:
Wenn nur was käme und mich mitnähme.

Da ist der Frieder des Wegs gekommen
und hat das Büblein mitgenommen;
er führt es zu seinem Häuschen heim,
hier darf das Büblein bei den Schafen sein.
Doch seht, jetzt kommt die Mutter daher,
die hat das Büblein gesucht gar sehr.
Sie nimmt's bei der Hand
und führt es nach Haus
und hier schläft es von seiner langen Reise
sich aus.
(Lied: «Nun kommt die gute Mutter Nacht...»[4])

4 Siehe Alois Künstler «Das Brünnlein singt und saget...» Verlag das Seelenpflegebedürftige Kind, Wuppertal.



## Für den Aufbau wird benötigt:

Ein kleines Haus, in dem die Mutter mit dem Büblein wohnt.
Ein Bächlein, aus einem blauen Tuch gelegt.
Ein Schiffchen z. B. aus Rinde.
Ein Wiesenstück mit Kiefernzapfenbäumen für die Schnecke.
Ein Stall für das Rößlein.
Eine Weide für den Schäfer und seine Schafe.
Ein kleiner Berg, hinter dem sich die Hasen verstecken können.
Ein Busch mit einem Vogelnest (die Vögel, z. B. aus Schafwollflöckchen, befestigt man an einem Faden).
Nach Fertigstellung des Aufbaus wird alles mit einem großen Tuch zugedeckt.

## Spielanweisung

Der Spieler sitzt hinter dem Tisch oder kniet am Boden hinter dem Aufbau. Mit Hilfe eines Kindes nimmt er vorsichtig das Tuch auf und hängt es sorgfältig über eine Stuhllehne. (Jede Geste wird von den Kindern bis zuletzt intensiv verfolgt.) Zu diesem Vorgang kann zur Einstimmung ein kurzes Lied gesungen oder es können einige Töne auf der Kinder-

harfe gespielt werden. Auf diese Weise wird auch eine muntere Zuschauergruppe sehr schnell still und wendet sich erwartungsvoll dem Geschehen zu. Mit ruhiger, nicht dramatischer Erzählweise führt der Spieler nun die einzelnen Figuren durch die dafür vorgesehene Gegend. Dabei wird er darauf achten, daß vor allem die Personen einen eher ruhig gemessenen Schritt gehen und nicht zu sehr hüpfen oder trippeln, denn jede Bewegung wirkt ja in der Seele der zuschauenden Kinder weiter. Auch das muntere Rößlein braucht nicht übertrieben zu springen. Für das fließende Bächlein kann der Spieler mit der Hand und dem Unterarm unter das blaue Tuch schlüpfen und kann so mit dieser Hand das Büblein im Bächlein aufnehmen, so daß es nicht umfällt. Zum Schluß wird die ganze Szene wieder zugedeckt.

Wenn das gleiche Spiel öfter wiederholt wird,

so werden schon beim nächstenmal die größeren (fünf- bis sechsjährigen) Kinder mithelfen wollen. In gleicher Weise werden sie alles mit aufbauen. Man kann ihnen dann ruhig auch einige Figuren zur Führung überlassen. Man sollte sie dabei aber nicht korrigieren, sondern nur darauf achten, daß man selbst vorbildlich handelt.

Weitere Geschichten, die sich für solche einfachen Spiele eignen, sind z. B.: Der süße Brei (nach Grimm), Das Schlößchen, Vom Rübchen, Die Böckchen Brüse[5].

## Wie die Kinder nachahmend solche Spiele aufgreifen

Durch die beschriebenen Stehpuppenspiele werden die Kinder in mannigfacher Weise für ihr freies Spielen und Bauen angeregt. Sechs- bis Siebenjährige wollen es dem Erwachsenen entweder genau gleichtun, oder aber sie bauen selbständig eine Landschaft auf. Ihre Vorstellungskräfte stehen ihnen zunehmend zur Verfügung, so daß sie planend und zielhaft vorgehen können. Sie wählen gern eine ihnen bekannte Geschichte oder ein Märchen und können die Szene vollständig dafür bereiten. Finden sich mehrere Kinder im gleichen Alter zusammen, so wird genau ausgemacht, wer welche Figur führt, wer erzählt, wer Musik macht und wer das Tuch aufdecken darf.

Auffallend ist, daß Kinder, die gewöhnt sind, Dialekt zu sprechen, bei solchen Anlässen die Schriftsprache verwenden, und daß sie unbewußt und selbstverständlich Wendungen aus den Märchen aufgreifen. Es kann auch geschehen, daß das erzählende Kind sich geschwind unterbricht, um einem Mitspieler leise etwas Organisatorisches mitzuteilen. Dies geschieht dann im Dialekt. Nach solch einer kurzen Zwischenbemerkung wird dann die Erzählung in der Schriftsprache wie selbstverständlich fortgesetzt.

Ein solcher Umgang mit der Sprache zeigt, daß die Kinder sich nicht nur ganz am erwachsenen Spieler orientieren, sondern deutlich – wenn auch unbewußt – empfinden, daß die geformte Sprache etwas Besonderes, eine aus dem Alltag herausgehobene Sprache ist.

Kinder, die noch nicht in so unbefangener Weise zu ihren Spielen sprechen können oder es fast können und sich nur noch nicht trauen, bitten gern auch den Erwachsenen

5 Siehe Heft 5 dieser Reihe: Kleine Märchen und Geschichten. Zum Erzählen und für Puppenspiele.

darum, nachdem sie alles aufgebaut und ihm einen besonderen Platz zugewiesen haben. Jüngere Kinder, etwa gegen das fünfte Lebensjahr, ahmen auf ihre Weise die Erlebnisse aus den Spielen nach. Ohne vorausplanend an eine bestimmte Geschichte zu denken, bauen sie eine reichhaltige Landschaft auf. Wenn dann mit viel Eifer die Stühle für die Zuschauer bereitgestellt sind und diese Platz genommen haben, beginnt eines der Kinder, die aufgebaut haben, zu erzählen (auch hier wiederum in Schriftdeutsch), und zwar so, daß es eine der Figuren nimmt, diese durch die Landschaft führt und nur eigentlich berichtet, was ihm gerade ins Blickfeld kommt. Weil seine Vorstellungskräfte dafür noch nicht reif genug sind, kann es sich noch nicht vom Inhalt einer vorgegebenen Geschichte leiten lassen, sondern stellt eigentlich durch das Spielen und Sprechen eine neue Beziehung zwischen den «Personen» und Gegenständen her. Es läßt sich ganz von den äußeren Gegebenheiten anregen und nicht durch ein inneres Bild führen.

## Mitgeschriebene Erzählungen aus Kindermund

*Zwei Kinder, vier und fünf Jahre alt*

Es war einmal ein Schäfer, der hatte viele, viele Schäfchen. Dann ging er mal rein und guckte in den Stall, wieviel Schäfchen er hat. Vier standen drin. Dann machte er den Stall wieder zu. – Da ging das Pferd über die Brücke. – Da kam eine Mutter und setzte sich auf das Pferd. (Eva, du mußt jetzt die Ente führen!) Dann kam wieder der Schäfer, machte den Stall auf und nahm das Kleinste in den Arm und ging heim zu seiner Frau. Da steht sie schon. Dann kommten sie an eine Brücke. Die Mutter bleibte hier. Da lief das Pferd alleine an den See und dann kam es wieder zurück und da begegnete ihm der Schäfer. Das Pferd mit dem Schäfer auf dem Rücken reitet über die Brücke. Kleine Kinder dürfen auch darauf reiten. Ach, die sind so klein, da müssen die Großen helfen und es rauf heben. – Es gang weiter und da kam eine Schwester und läufte. Hallo, darf ich mal streicheln? Gell, du bist lieb, Pferd. Da stieg es auf das Pferd. Und dann kam das Schiffle wieder vor und drehte um, und da ging's wieder zurück. – Und wenn sie nicht gestorben sind, dann leben sie noch heute.

*Sechs Jahre alt*

Es war einmal eine alte Frau, die wünschte sich schon lange ein Kind und kriegte keins. Sie trug immer ein rotes Kopftuch. Weil es rosa war, wünschte sie sich ein Kind dazu, was es nicht gab. Da traf sie eine Frau und sprach: «Ich wünsch mir ein Kind, das so rosa ist wie mein Kopftuch und kriege keins.» Da ging sie in einen Berg hinein, da sah sie ein Schiff stehen mit zwei kleinen Zwergen. Da kam eine andere Frau, die fragte sie: «Ich wünsche mir ein Kind, das so rosa ist wie mein Kopftuch, das wird es bestimmt nicht geben!» Da sagte sie: «Geh nur weiter, dann wirst du bestimmt eins finden.» Da klingelte es. Da kam ein grüner Zwerg mit dem Schiff, und nun fuhren sie weiter mit dem Schiff. Als sie ein Stück gefahren waren, stieg sie aus, der Zwerg fuhr weiter. Da sah die alte Frau ein kleines grünes Kind auf sich zukommen. Da nahm sie das Kind und ging mit ihm weiter und freute sich an dem Kind. – Da bimmelte es wieder dreimal. Sie ging mit dem Kind nach Haus und fragte, ob sie hier wohnen dürfte. Der Mann sagte ja. «Auch für immer?» fragte die Frau. Da sprach er: «Ja». Sie beguckte sich im Spiegel, ob sie noch schön wäre, und lebte immer weiter. Und wenn sie nicht gestorben sind . . .

*Sechs Jahre alt*

Es war einmal ein Mädchen, das hatte keinen Vater und keine Mutter mehr. Da erblickte sie zwei Töchter, eine heißt Königin und eine . . . Damit ging sie am nächsten Morgen spazieren. Da gingen sie in das Haus hinein und sahen ein kleines Kind im Bettchen liegen. Sie tanzten vor Freude ein Tänzchen. Die Königin legte das Kind in das Bett. Als sie beide sich auch ins Bett gelegt hatten, kam ein Engel und sah, daß alle schon eingeschlafen sind. Und wenn sie nicht gestorben sind . . .

Wie Kinder verschiedener Altersgruppen die einfachen Puppenspiele nachahmen, zeigt uns, daß sie je nach ihren altersbedingten Fähigkeiten in der unbefangensten Weise spielen und erzählen können. Diese Fähigkeiten bleiben ihnen erhalten, wenn sie unbekümmert *nur* nachahmen dürfen und sie nicht zu früh durch Lob zu geplanten Aufbauten aufgefordert oder zum eigenen Erzählen herausgefordert werden.

## Das Spiel mit Marionetten

Zu besonderen Anlässen im Jahreslauf sind für das Puppenspiel einfache Seiden-Marionetten sehr gut geeignet. Solch ein Spiel bedarf einer sorgfältigen und längeren Vorbereitung und wird deshalb ausführlicher dargestellt.

## Herstellung der Marionetten

Material: leichte Seidenstoffe in verschiedenen Farben (am schönsten mit Pflanzen gefärbt[6]),
dünne Seidenschleier in verschiedenen Farben,
weiße, gelbe und braune ungesponnene Schafwolle,
farbiges, dünnes Perlgarn,
Bleischnur oder ein ovales, flaches Steinchen für die Hände,
Goldborte oder -folie für Kronen.

6 Renate Jörke: Färben mit Pflanzen. 5. Aufl. Stuttgart. 1983 (72 S.). Siehe auch: Erna Bächi Nussbaumer: So färbt man mit Pflanzen, Paul Haupt Verlag.

Die Marionetten können selbstverständlich auch aus schönen, leichten Baumwollstoffen hergestellt werden, haben dann aber nicht so ein festliches Gepräge.

## Kopf und Rumpf

Die Maßangaben beziehen sich auf eine Kopfhöhe von 6 cm.
Aus etwas weißer, flockig gezupfter Schafwolle wird eine Kugel geformt, die mit einem quadratischen (ca. 22 $cm^2$) Stück Seide (rosa oder zart orange) überzogen wird. Beim Ab-

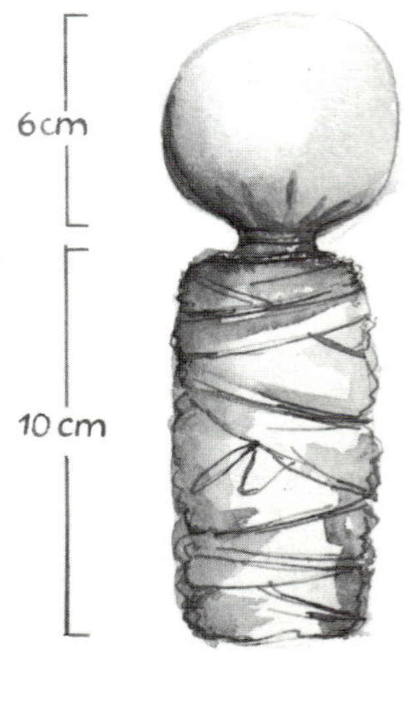

binden des Halses werden die Fältchen so weit wie möglich nach hinten geschoben.
Um die herunterhängenden Zipfel wird aus Schafwolle der Rumpf (in Sitzhöhe, d. h. gut eineinhalbmal die Kopfhöhe, also ca. 10 cm) befestigt. Dieser ermöglicht, daß die Figur in der Szene – und zwar angelehnt – sitzen kann und dabei nicht in sich zusammensackt.

## Das Gewand

**1.** Werden die Ärmel im gleichen Farbton wie der Kopf gewählt, dann braucht man für den Kopf ein größeres Stück Seide (45×45 cm). Zwei gegenüberliegende, vom Kopf herabhängende Zipfel werden bis auf ca. 15–16 cm (einschließlich Hände) nach innen eingeschlagen. Es wird ein Stückchen handförmig geformte Bleischnur eingelegt (siehe Zeichnung) und das Handgelenk abgebunden. Die Ärmel brauchen nicht zugenäht zu werden.

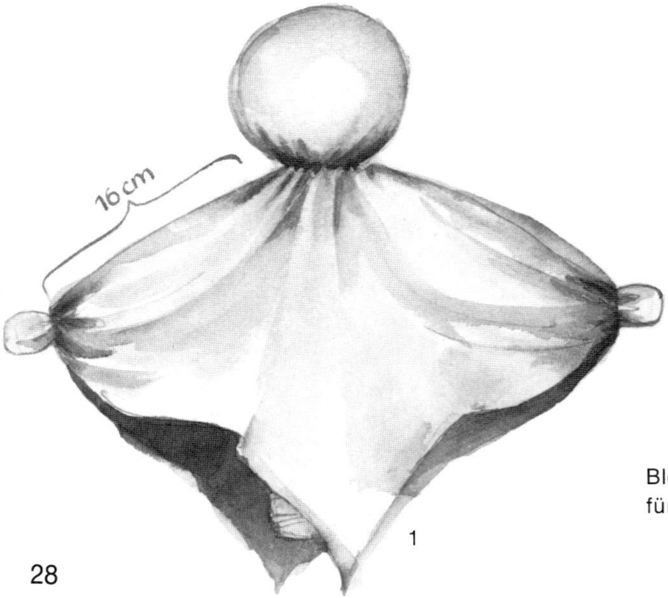

1

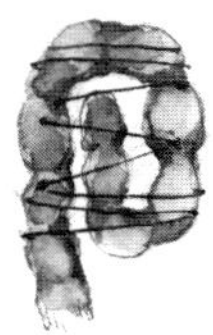
Bleischnur für die Hand

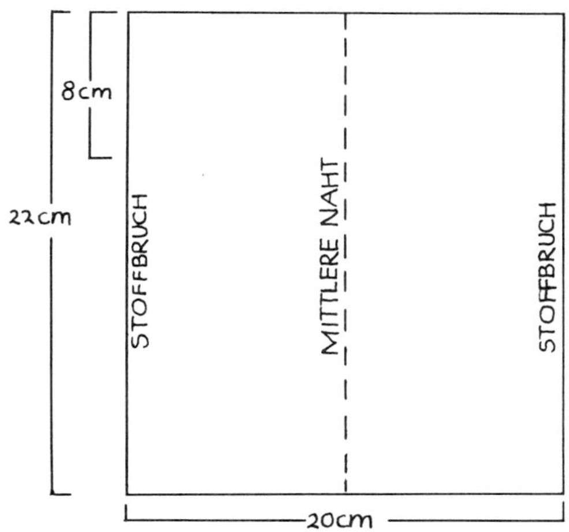

Auch werden sie selbstverständlich nicht mit Wolle gefüllt. Man muß darauf achten, daß die Arme nicht zu kurz geraten. Die Bewegungsmöglichkeit darf nicht eingeschränkt wirken.
Für das übrige Kleid wird ein rechteckiges Stück Seide (40×22 cm) zusammengenäht. Die Naht wird ausgebügelt und nach hinten genommen. An beiden Seiten wird vom oberen Rand aus für die Ärmel ein Schlitz (ca. 8 cm) eingeschnitten. Nun wird der obere Rand ein wenig eingeschlagen und mit einem Kräuselfaden versehen, der am Hals zugezogen wird. Ein weiterer Kräuselfaden kann bei weiblichen Figuren jeweils vorn und hinten oberhalb der gedachten Taille durchgezogen werden. (Aber nur leicht anziehen!) Er verhindert, daß das Kleid zu plusterig wirkt, und gibt ihm eine schönere Form.

**2.** Den Kopf wie bei 1 überziehen. Ärmel nähen nach untenstehendem Schnitt. In die Mitte des Stoffbruches ein Loch schneiden. Die Zipfel, die vom Kopf herunterhängen, durch das Halsloch stecken und das Halsloch

1

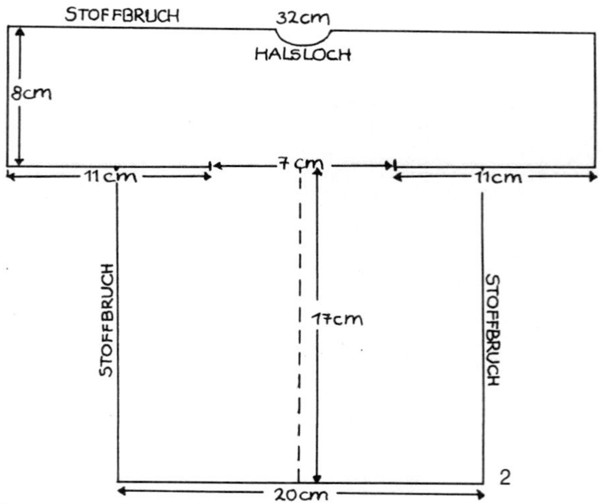


2

am Halsfaden des Kopfes annähen. Jetzt die Rumpfsäule wie bei 1 machen. Hintere Naht am Rockteil schließen und ausbügeln. Am oberen Rand einen Kräuselfaden durchziehen und bis auf ca. 16 cm Umfang einkräuseln. Ärmelnähte schließen. Am Ärmelteil das mittlere Stück (Brust und Rücken) bis auf 4,5 cm (vom Halsfaden abwärts gemessen) nach innen einschlagen und am Rockteil annähen.

**3.** (ohne Zeichnung). Kopf und Rumpf wie bei 1 herstellen. Den Kopf mit rosa oder gesichtsfarbiger Seide überziehen. Kleid wie bei 1 nähen, jedoch seitlich nicht für die Ärmel einschneiden; am oberen Rand einschlagen, kräuseln und an den Halsfaden der Figur annähen.

Die Hände mit Seide überziehen und in diesem Fall in den Umhang (siehe dort) einarbeiten.

**4.** Kopf und Rumpf wie bei 1 herstellen. Für das Kleid braucht man ein quadratisches Stück Seide (47×47 cm). In die Mitte ein Loch schneiden, so daß der Rumpf hindurch paßt (s. Zeichnung 4a). Das Halsloch mit einem Kräuselfaden versehen und am Halsfaden der Figur annähen.

Soll das Kleid keine Falten am Hals haben (z. B. wenn eine Stola darüber soll), kann man vorsichtig in den Stoffbruch ein Kreuz

2

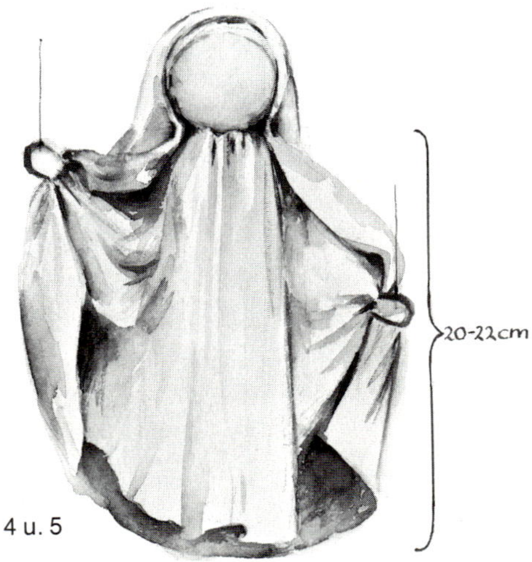


4 u. 5

schneiden (siehe Zeichnung 4b), so daß der Rumpf gerade hindurch paßt. Die entstehenden Ecken nach innen einschlagen. Der Halsausschnitt liegt hierbei eng am Hals an und wird am Halsfaden mit wenigen Stichen befestigt. Arme und Hände aus zwei gegenüberliegenden Zipfeln wie bei 1 arbeiten. Die beiden anderen Zipfel bis auf eine Kleidlänge von ca. 20–22 cm etwas rund abschneiden.

**5.** Kopf und Gewand sind aus der gleichen Farbe, z. B. zartrosa. Zuerst Kopf und Rumpf wie bei 1 mit einem weißen Seidenrest (ca. 22×22 cm) herstellen. Mit einem großen Stück Seide (60×60 cm) zuerst den Kopf überziehen; darauf achten, daß die Zipfel für die Arme nicht zu weit nach hinten geschoben werden. Dann die Hände abbinden wie bei 1. Die Armlänge ist hierbei ca. 15 cm einschließlich Hände.

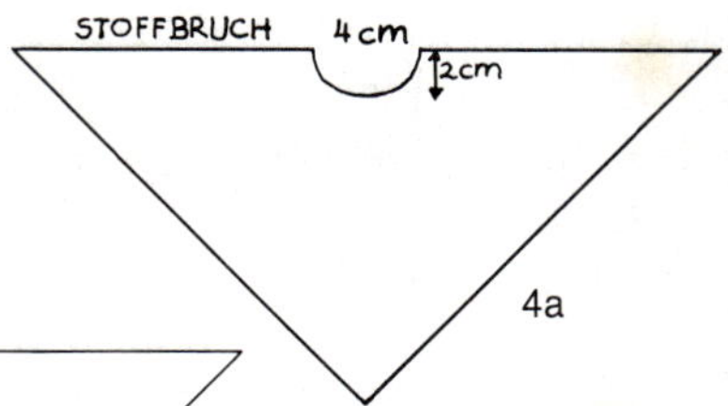

4a

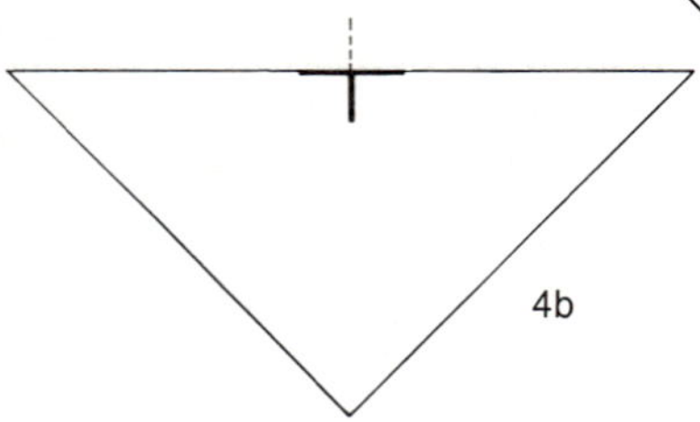
4b

## Die Haare

Aus ungesponnener, entsprechend gefärbter Schafwolle wird eine ganz dünne Flocke gezupft, um den Kopf gelegt und mit wenigen Stichen befestigt.

## Umhang für weibliche Figuren

Besonders schön und sinnvoll ist es, wenn die weiblichen Figuren einen Umhang oder Schleier bekommen, der sie vom Kopf aus ganz umhüllt. Er ist aus ganz leichter Seide oder aber einer Schleierseide rechteckig geschnitten (60×30 cm). Er wird zuerst oben auf dem Kopf und dann rechts und links am Hals mit einem Stich leicht befestigt. Dann erst wird er am Handgelenk befestigt. Die Stelle am Umhang zu finden, die am Handgelenk angenäht werden soll, ist gar nicht leicht. Man muß u. U. lange probieren und immer wieder schauen, wie der Umhang am schönsten fällt. Auch ist zu berücksichtigen, daß die Arme beim Spielen verschiedene Bewegungen ausführen. Das gilt besonders auch für den Fall, daß die Hände aus rosa überzogenem Bleiband gleich in eine Falte des Umhangs eingenäht werden. Dann kann der Umhang allerdings nicht aus Schleierseide gemacht werden.

## Umhang für männliche Figuren

Aus einem rechteckigen Stück Seide in der Länge des Kleides wird der Mantel oder Umhang geschnitten. An der oberen Kante wird ein Kräuselfaden durchgezogen und am Hals befestigt. Der Umhang darf vorne am Hals nicht zusammenkommen, da sonst die Armbewegungen eingeschränkt werden. Man kann auch in den Umhang seitlich zwei Schlitze einschneiden und die Ärmel durchstecken. (Siehe Zeichnung.)

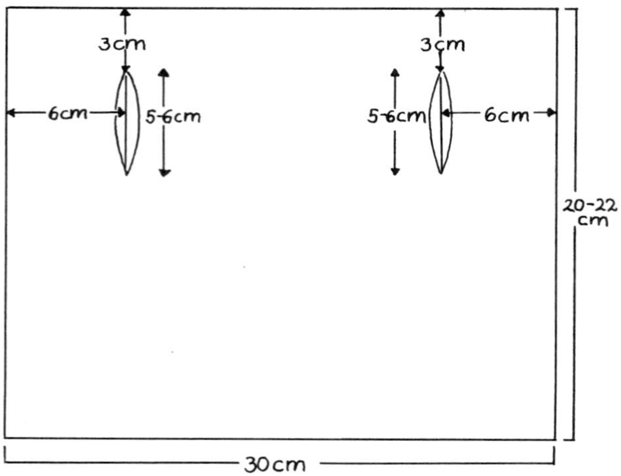


Für Knaben- oder Jünglingsgestalten ist auch eine Stola sehr gut geeignet. Sie wird etwa in Schulterbreite zugeschnitten und ist etwas kürzer als das Kleid.

## Vorschläge für die Farben einzelner Gewänder

| | |
|---|---|
| König: | Goldgelbes Kleid, Purpurmantel, goldene Krone |
| Königin: | Rosa oder goldgelbes Kleid, blauer Schleier, Krone |
| Königssohn: | Goldgelbes Kleid, goldgelbe oder rote Stola, goldener Haar-Reif |
| Königstochter: | Rosa Kleid, zartrosa Schleier, goldene Krone |
| Feen: | In den Farben des Regenbogens, Kleid und Schleier Ton in Ton |
| Böse Fee: | Graues Kleid und grauer Schleier |
| Alter Mann: | Kleid und Umhang blauviolett in verschiedenen Tönen |
| Mutter: | Kleid und Schleier altrosa oder rotviolett in verschiedenen Tönen |

| | |
|---|---|
| Jungfrau: | Rosa Kleid, hellblauer Schleier |
| Diener: | Gewand: blau, grün oder orange, Barett |
| Magd: | GrünesKleid, brauneSchürze und braunes Kopftuch |
| Koch und Küchenjunge: | Weißes Kleid, Kochmütze |

## Die Führungsfäden

Die Fäden können nach dem jeweiligen Farbton des Kleides oder Umhanges einer Figur gewählt werden.
Ein Faden geht von der Kopfmitte aus (unsichtbar von unten durchstechen), ein Faden je von den Händen (s. Zeichnung). Bei ganz herabhängenden Armen werden die drei Fäden etwa 28 bis 30 cm über dem Kopf zusammengeknotet. Etwa 2 cm darüber einen weiteren Knoten machen; er dient zum Aufhängen der Figur, ohne daß die Ärmel dabei verknittert und hochgezogen werden.
Soll die Figur sich bücken oder verneigen können, so wird ein vierter Faden etwa von dem Punkt aus, der zwischen den Schulterblättern zu denken ist, angebracht und mit den drei anderen Fäden zusammen verknotet.

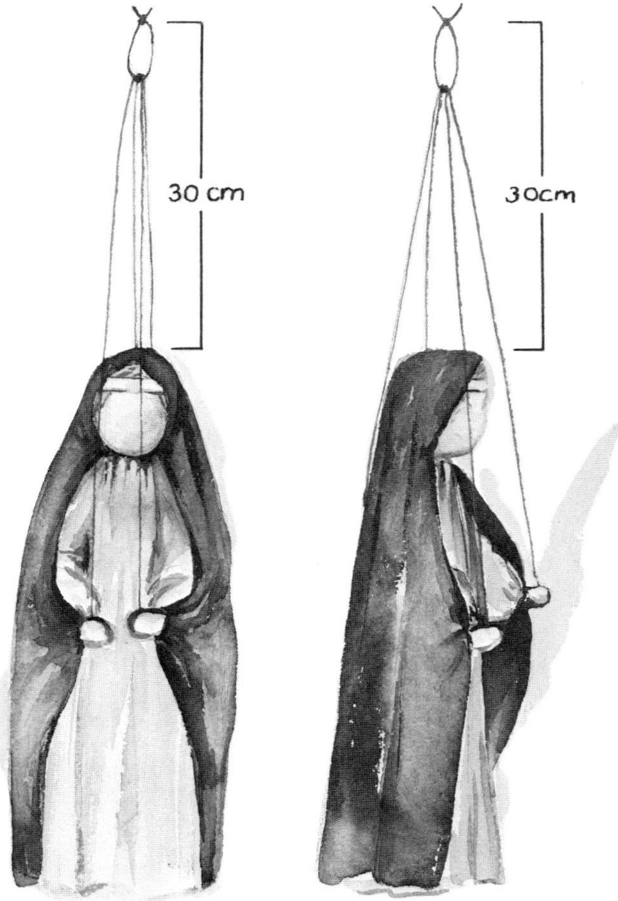

## Geeignete Texte

Bei der Auswahl eines Textes für ein Spiel, das hauptsächlich für Kinder von drei bis sieben Jahren gedacht ist, ist vor allem die Länge des Stückes zu berücksichtigen (Höchstdauer etwa 20 Minuten), sollen die Kinder im Stillsitzen und konzentrierten Zuschauen nicht überfordert werden. Ferner ist zu beachten, daß der Text Handlungen enthält, die auch durchführbar sind, und nicht zu ausgedehnte Beschreibungen darin vorkommen. Auf Kürzungen im Text der klassischen Märchen sollte man verzichten, da jede Wendung im Gesamtverlauf des Märchens ihre ganz bestimmte Bedeutung hat. Der Text sollte sprachlich schön und gut geformt sein. Es ist besser, sich an einen geeigneten Märchentext z. B. nach Grimm oder auch an ein russisches Märchen bzw. an einen bearbeiteten rhythmisierten Text zu halten, als in freier Form zu erzählen.
Wenn die Spieler einen ausgewählten Text dann ins Puppenspiel umsetzen, so werden sie sich gewiß intensiv mit den einzelnen Bildern verbinden und besonders den angemessenen Farbzusammenklang – Kulisse und Figuren – zu erspüren versuchen. Bei wiederholtem Einleben in den Text empfiehlt es sich, die einzelnen Personen, die Tiere und Requisiten herauszuschreiben und eine Skizze von den Handlungsorten für den Bühnenaufbau zu machen.

## Die Bühne

Auch für das Marionettenspiel ist – sofern für Kinder im Vorschulalter gespielt wird – die offene Tisch- oder Bodenbühne besonders geeignet. Die Spieler sind hier voll sichtbar in das Bühnengeschehen mit einbezogen, ja sie sind unentbehrlicher Bestandteil des Bühnengeschehens. Bei dieser Art von Bühne bleibt dem kleinen, noch «träumend» hingegebenen Kind die Kontinuität des gesamten Vorganges erhalten, und es wird nicht durch das Schließen eines Vorhanges ein- oder mehrmals aus diesem «Traum» geweckt. Außerdem sind für das Kind nicht nur die Entstehung der Bewegungen durch die enge Verbindung des Spielers mit seiner Marionette durchschaubar, sondern es kann auch den eventuell erforderlichen Kulissenwechsel im Prozeß voll miterleben, z. B. wenn wir mit ruhiger Hand ein Tuch über das Schloß heraufziehen, wenn die Dornenhecke zu wachsen beginnt, oder wenn wir behutsam ein Tuch wegnehmen in dem Augenblick, in dem das Dornröschen in den Turm hinaufsteigt

und den Innenraum, das Turmstübchen, betritt.
Die Wahrnehmung solcher Gesamtvorgänge wirkt gesundend auf die kindliche Entwicklung, die sich ja noch ganz im engen Zusammenwirken organischer, seelischer und geistiger Prozesse vollzieht.
Nachdem sich in dem folgenden Entwicklungsabschnitt, der etwa mit dem Zahnwechsel des Kindes beginnt, die seelisch-geistigen Prozesse teilweise aus dem Gesamtentwicklungsprozeß herauslösen, stehen dem Kind die Vorstellungskräfte genügend stark und frei zur Verfügung. Jetzt kann es nicht nur ein in sich geschlossenes Bild, bei dem der handelnde Erwachsende aus dem Geschehen zurückgezogen und hinter dem Bühnenhintergrund verborgen ist, verstehen, sondern auch den hinter geschlossenem Vorhang vollzogenen Kulissenwechsel vorstellungsmäßig überbrücken.

## Der Bühnenaufbau

Wer seine Marionetten aus Seidenstoffen anfertigt, wird geeigneterweise auch die Bühne mit farbigen Seidentüchern auskleiden. So entsteht nicht nur ein wunderbarer Farbenglanz, sondern auch ein stilvolles Gesamtbild.

Zunächst wird eine dezent einfarbige Wolldecke (z. B. blau, oder eine mit einem blauen Tuch überdeckte andersfarbige Wolldecke) über den Tisch oder am Boden ausgebreitet. Darauf werden anhand des erstellten Planes die erforderlichen Kulissen bzw. offenen Räume mit verschieden großen Spielklötzen gestellt, z. B. Saal und Küche im Schloß, Turm, Wald. Diese werden nun mit gut gebügelten Seidentüchern umkleidet und mit Stecknadeln auf der untergelegten Wolldekke festgesteckt. So wird verhindert, daß beim Führen der Marionetten durch die Kulissen die Tücher abgestreift werden. Wenn einige Stellen der Kulissen zusätzlich mit zarten Seidenschleiern überdeckt werden (Schleier und Untergrund etwa im gleichen Farbton), so entsteht ein besonders lebendiges Farbenspiel. Laubbäume lassen sich leicht herstellen aus einer mehrfach verzweigten standfesten Astgabel, die mit einigen farblich aufeinander abgestimmten grünen Seidentüchern und -schleiern locker umsteckt werden. Tannenbäume brauchen nur ein gerades Stück Astholz. Die Zweige entstehen durch geschicktes Stecken der Tücher.

Es ist beim ganzen Aufbau darauf zu achten, daß zwischen den einzelnen «Gebäuden» genügend Platz bleibt, so daß die Marionetten

ungehindert von hinten in den Bühnenraum hineingeführt werden können.
Es kann nach Fertigstellung der ganze Aufbau mit einem großen Tuch oder Seidenschleier zugedeckt werden, der erst wieder abgedeckt wird, wenn die Kinderschar versammelt ist und die ersten Töne des Musikers erklingen. Zum Abschluß wird mit ausklingender Musik alles wieder zugedeckt.

*Die Figuren wurden für die photographische Aufnahme in die Szene gestellt. Die Spieler stehen hinter dem Szenenaufbau, aber vor dem blauen Vorhang.*

Anhaltspunkte für eventuelle Farbgebungen am Beispiel des Dornröschens:

| | |
|---|---|
| Saal im Schloß: | Goldgelb |
| Küche: | Helles Rot |
| Turm innen: | Altrosa |
| Wendeltreppe: | Kräftigeres Rosa |
| Turm verhüllt: | Violett |
| Dornenhecke: | Zartgrüne Schleier, die vor dem Schloß wie eine Art Wiese ein wenig gerafft bereitliegen |
| Stall: | Eventuell blau |

## Der Spieler

Weil der Spieler unmittelbarer Bestandteil des ganzen Bühnenbildes ist, ist es wichtig, daß er dies besonders in bezug auf die Farbe und Form seines Kleides oder Kittels berücksichtigt. Durch irgendeinen gemusterten oder in einem aufdringlichen Farbton gehaltenen Kleiderstoff würde er die Farbharmonie der Seidenkulissen stören. Hingegen ist ein zart getönter, einfarbiger Stoff fast immer gut geeignet.
Weiterhin ist wichtig, daß der Spieler stets ruhige Bewegungen ausführt und jede Hast oder Erregtheit vermeidet. Viel Mühe kostet das Üben der verschiedenen Bewegungsarten der Marionetten. So empfiehlt es sich zunächst, ohne Kulissen einzelne Stellungen wie Sitzen, Liegen, Gehen, Umwenden, Bükken usw. auszuprobieren.
Wenn der Bühnenboden tief genug ist und der Spieler bei aufrechter Haltung mit leicht nach unten abgewinkelten Armen die Marionetten führen kann, so entsteht ein ungehinderter unmittelbarer Bewegungsstrom vom Spieler zur Marionette (s. Abb. S. 40). Auch die Hände sind leicht nach unten geneigt, wobei Daumen und Zeigefinger die Fäden zu den Händen der Figur halten und der Knoten in den drei übrigen, geschlossenen Fingern liegt. Der Knoten darf nicht nach hinten abrutschen, da sonst die Arme der Marionette – wie Hilflosigkeit ausdrückend – in die Höhe ragen. Einen eventuell angebrachten vierten Faden, der vom oberen Rücken der Figur ausgeht, betätigt der Spieler mit seiner anderen Hand dann, wenn die Figur sich bücken oder verneigen soll.

Eine bessere Wirkung beim Gehen der Marionette wird erzielt, wenn man mit ihr ruhige, relativ große und mehr gleitende Schritte macht: einen großen Schritt machen, dann anhalten; wieder einen großen Schritt, wieder anhalten; etwas in eine andere Richtung wenden, wieder einen großen Schritt usw.

Nicht hüpfen oder trippeln! Denn kurze, federnde Auf- und Abwärtsbewegungen bringen Unruhe ins Bild und in die zuschauenden Kinder. Der Kontakt zum Boden sollte bleiben. (Marionetten sollen nicht in der Luft hängen oder fliegen.)

Mitunter wird es notwendig, daß man die Marionette von einer auf die andere Hand wechseln oder sie gar an einen Mitspieler weitergeben muß. Dieser Vorgang bedarf sorgfältiger Übung, damit nicht ruckartige Bewegungen entstehen oder die Marionette gar abrutscht.

Bleiben eine oder mehrere Figuren vorübergehend in der Szene sitzen, selbstverständlich angelehnt, so lege man die Fäden sorgfältig über die Rückwand, damit sie ohne Schwierigkeiten leicht wieder aufgenommen werden können. Man achte darauf, daß solche Figuren sicher sitzen und nicht umfallen oder schiefe Stellungen einnehmen. Solche Eindrücke wirken ja auch tief auf das Kind.
Beim Hereinführen der Marionette in den Bühnenraum achte man darauf, daß sie *hinter* einer Kulisse aufsteigt und *neben* einer Kulisse als ganze Gestalt erscheint und nicht langsam wie aus der Versenkung heraufkommt. Das gleiche gilt umgekehrt für den Abgang.
Ganz besonders sollte der Spieler darauf achten, jeweils die Bewegungen der Marionetten dem gesprochenen Wort genau anzupassen.

## Der Erzähler

Wenn sich mehrere Erwachsene zu einem Marionettenspiel zusammenfinden, so kann einer die Rolle des Erzählers übernehmen. Unter Umständen muß aber auch der Spieler selbst den Text sprechen.
Der Erzähler sitzt seitlich neben der Bühne. Auch er ist sich bewußt, daß er ganz zum Bühnenbild dazugehört, und berücksichtigt dies in Form und Farbe seines Gewandes. Das Buch hält er gut mit der linken Hand, so daß die rechte Hand zum Mithalten und Blättern beweglich bleibt. Durch sorgfältiges Proben achtet er darauf, daß die Erzählung mit dem Bühnengeschehen übereinstimmt, daß er innerlich beteiligt in der Sprache mitgeht und nicht der Handlung um einen Satz voraus ist.
Man sollte auf eine gut durchatmete, verständliche Aussprache achten und Freude am Erzählen darf nicht fehlen. Doch auf jedes Verstellen der Stimme oder etwa Lesen mit verteilten Rollen kann völlig verzichtet werden. Das kleine Kind braucht einen geführten, gleichmäßigen, aber nicht langweiligen Erzählstrom, der es frei läßt und zum eigenen Differenzieren zunehmend anregt.

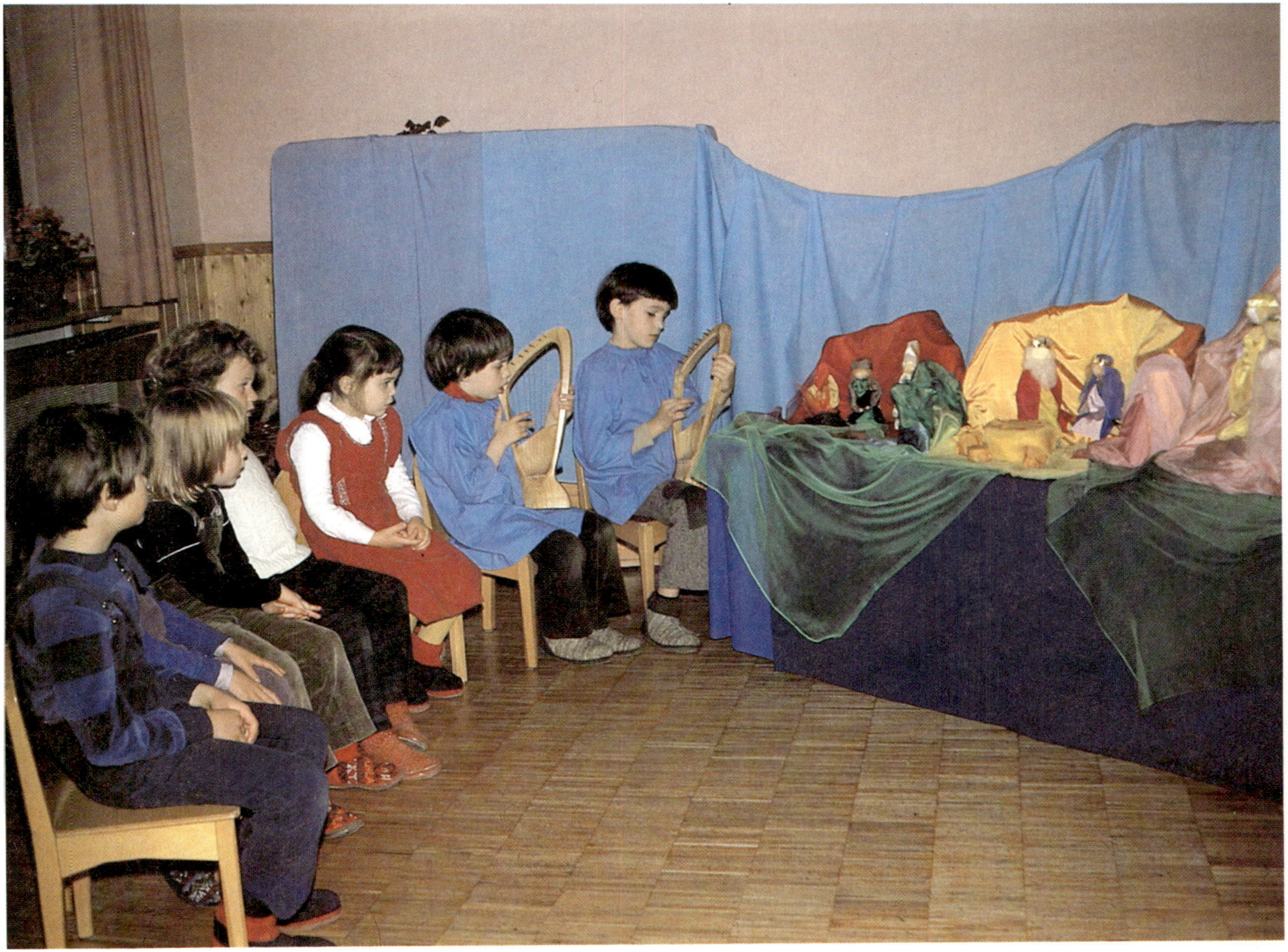

## Die Musik

Für die Musik zu Puppenspielen sind besonders die Leier oder Kinderharfe, eine Choroiflöte und evtl. ein nicht zu hellklingendes Glockenspiel geeignet. Wenn nicht noch eine weitere Person für die Musik zur Verfügung steht, so kann auch der Erzähler die Instrumente neben sich auf ein Tischchen legen und an den vorgesehenen Stellen darauf spielen. Sonstige Geräusche wie z. B. Pferdegetrappel oder das Plitsch-Platsch, wenn der Frosch die Marmortreppe heraufhüpft, sind nicht notwendig. Sie würden nur die innere Aktivität der Kinder stören und sie zu sehr auf Äußerlichkeiten hin ablenken.
Die Musik klingt fast immer zuerst aus, ehe die Erzählung weitergeht. Beides gleichzeitig ist für kleine Kinder eher irritierend. Es dürfen ruhig auch kurze Handlungsabläufe in aller Ruhe geschehen, ohne daß gleich Musik erklingt. Das kleine Kind lebt ja ganz in der Bewegung und empfindet keinen Leerlauf.
Anstelle eines Musikinstrumentes kann selbstverständlich auch ein Lied erklingen. Das ist besonders dann erforderlich, wenn nur ein Spieler da ist und er alles allein machen muß.

## Das Marionettenspiel mit Kindern

Schon fünf- und sechsjährige Kinder können beim Marionettenspiel mitwirken, wenn sie Figuren mit nur zwei Fäden bzw. einer Fadenschlinge in die Hand bekommen. Es sind dies Figuren, die keine differenzierten Bewegungen ausführen können. Der Führungsfaden liegt unkompliziert auf der offenen, flachen Hand des Kindes.

## Herstellung der Marionetten für die Kinderhand

Für ein Spiel, bei dem Marionetten für die Kinderhand mit einbezogen werden, empfiehlt es sich, die Figuren etwas kleiner, d. h. mit einer Kopfhöhe von ca. 5 cm herzustellen. Sie können im wesentlichen so gearbeitet werden wie die auf Seite 25 ff. beschriebenen Figuren. Nur gilt es zu berücksichtigen, daß kein Führungsfaden zu den Händen geht.

## Kopf und Rumpf

werden aus der ungesponnenen, locker gezupften Schafwolle aus einem Stück geformt. Der Kopf wird mit einem zartrosa oder hellorangenen Stück Stoff überzogen. Der Rumpf wird locker mit einem Faden umwikkelt. Er ist etwa eineinhalbmal so lang wie die Kopfhöhe, kann aber auch so lang sein wie das Gewand (18-20 cm), wenn die Figur nicht zu sitzen braucht.

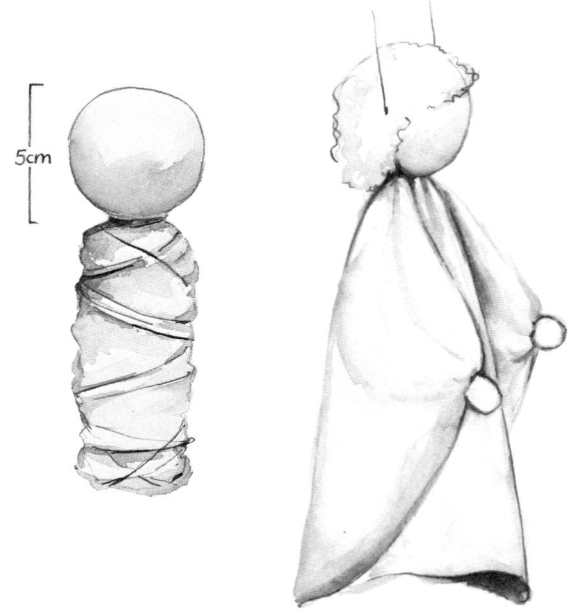

## Das Gewand

Am einfachsten ist die Marionette, bei der Kopf und Gewand aus nur einem Stück Stoff bestehen und hergestellt werden, wie auf Seite 31. Die Größe für den Stoff beträgt dann 58×58 cm. Die Hände werden nur leicht abgebunden und hängen locker herunter. Wird das Gewand aus einem rechteckigen Stück Stoff, ohne Arme wie auf Seite 30, Nr. 3, genäht, so kommt als zweite Hülle der Mantel oder Umhang darüber.

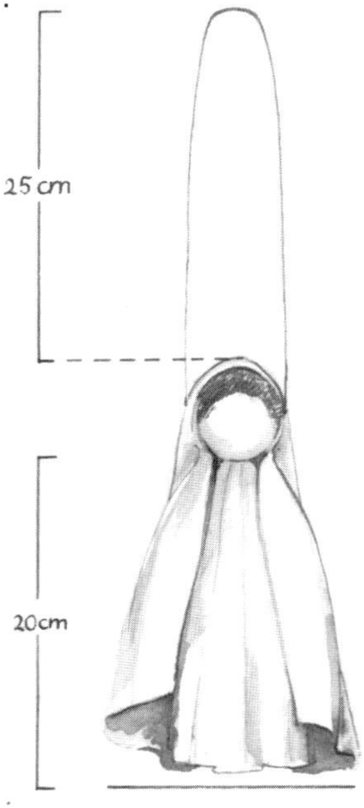


Die weiblichen Figuren erhalten zusätzlich zum Mantel oder an Stelle des Mantels einen Schleier, der vom Kopf aus die ganze Gestalt umhüllt. Dieser wird oben am Kopf und seitlich am Hals mit einem Stich befestigt.
Wenn das Gewand mit Ärmeln genäht wird, so werden die Hände aus zartrosa Stoff mit Schafwolle gefüllt an den Ärmeln unten befestigt. Es ist schöner, wenn die Hände oval geformt werden und nicht wie eine Kugel ausgestopft sind.
Die Figur sollte in jedem Falle Arme haben, wenn sie mit einer Stola bekleidet wird.

## Die Haare

werden aus einer sehr duftig gezupften farbigen Schafwollflocke mit wenigen Stichen am Kopf befestigt.

## Der Führungsfaden

In der Farbe des Schleiers oder des Umhanges wird der Faden gewählt. Er geht nur vom Kopf aus. Damit sich aber die Figur in der Szene nicht ständig dreht, befestigt man beide Fadenenden etwa an der Stelle der Ohren.

## Spielanweisungen

Für ein Marionettenspiel mit Kindern ist die Bodenbühne besonders geeignet. Dabei sitzt der Erwachsene in der Mitte hinter der Kulisse, die Kinder rechts und links von ihm, so daß etwa ein Halbkreis entsteht. Die zuschauenden Kinder und Erwachsenen bilden gegenüber einen Halbkreis. Um einen ruhigen, einheitlichen Hintergrund zu schaffen, hängen sich alle Spieler ein blaues Tuch über die Knie, das bis auf den Boden reicht. Dann rücken sie mit ihren kleinen Stühlen oder Hockern dicht an die Kulissen, damit sie die Figuren weit genug in die Szene hineinführen können. Der Erwachsene führt die Hauptfiguren (an drei oder vier Fäden), die sich meistens etwas differenzierter bewegen müssen. Wenn einmal eine Figur durch die ganze Szene wandern muß, von einer Seite auf die andere, so übernimmt zunächst das Nachbarkind sie, dann wieder der Erwachsene, der sie wiederum weitergibt. Beim Weiterreichen greift jeweils die offene flache Hand des annehmenden unter die des abgebenden Spielers. Die obere Hand wird zurückgezogen.

Bei den Kindern müssen wir besonders darauf achten, daß sie die Figuren am Boden entlang führen und nicht durch die Luft schwenken. Besonders aufmerksam und eifrig sind die Kinder dabei, wenn sich während des Spieles in der Szene etwas verändern muß. So übernehmen sie gerne und zuverlässig z. B. das Hereinlegen des goldenen Tuches, wenn das Rumpelstilzchen alles Stroh zu Gold versponnen hat, oder das Abnehmen des Tuches, wenn das Waldhaus sich um Mitternacht in ein Schloß verwandelt.

Hat man eine größere Kindergruppe und mehrere Kinder, die gerne mitspielen möchten, so bietet sich ein Märchen wie das «Dornröschen» an. Dabei können drei bis vier Kinder auf jeder Seite des Erwachsenen mitwirken. Man wird dann die Szene so aufbauen, daß auf der einen Seite ganz außen die Küche mit dem Koch, dem Küchenjungen und der Magd ist, in der Mitte der große Schloßsaal, daneben der Turm und auf der anderen Seite der Stall mit den Pferden und die anderen Tiere (Hunde, Tauben, Fliegen). Zwei Kinder können auch noch während des Aufdeckens der Szene am Anfang und des Zudeckens am Schluß auf der Kinderharfe spielen.

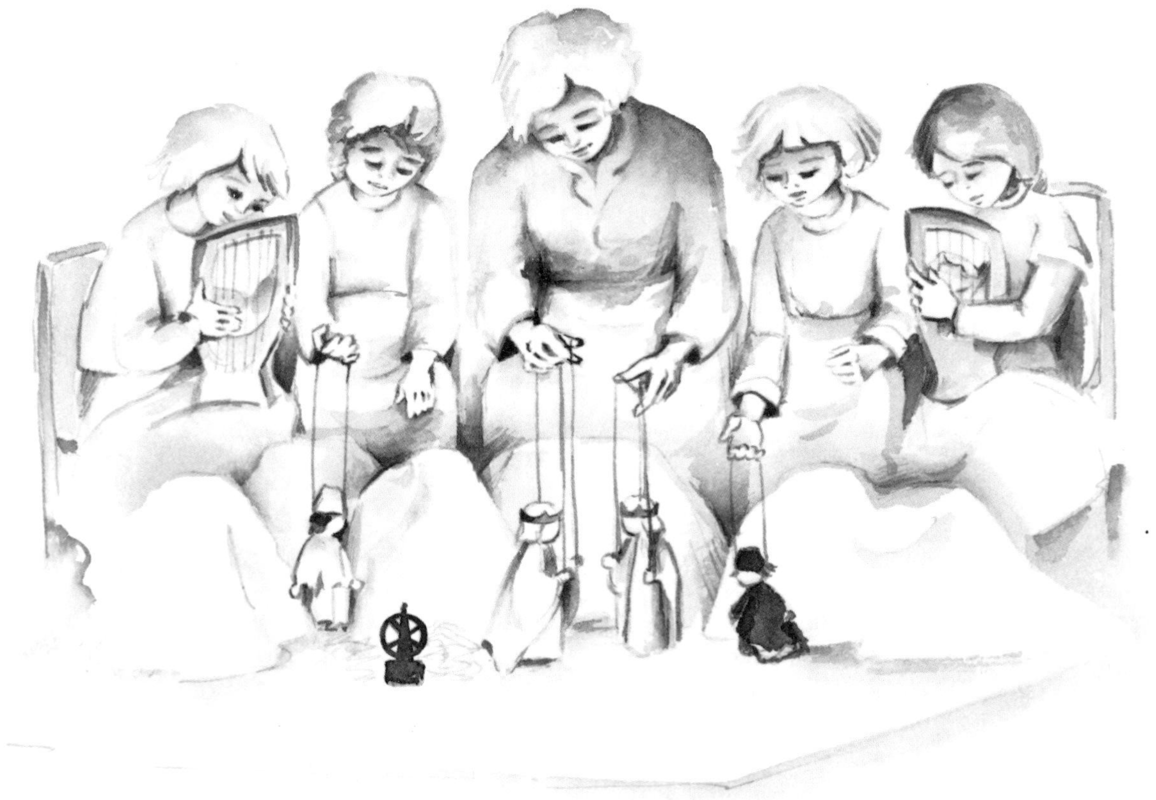

## Das Handpuppenspiel

Sobald das Kind etwa in der Zeit der Schulreife ein reiches Vorstellungsvermögen zur Verfügung hat, ist ihm das Handpuppenspiel oder auch das Marionettenspiel mit dem umschlossenen Bühnenraum eine Quelle mannigfaltiger Erlebnisse. Der Handelnde hat sich ganz aus dem Bühnengeschehen zurückgezogen. Er ist beim Handpuppenspiel in die Figur hineingeschlüpft, belebt sie von innen und verleiht ihr individuellen Ausdruck in der Bewegung. Seelische Regungen wie Trauer, Freude, Abscheu und Dankbarkeit werden offenbar. Damit vervollständigt der Spieler den typischen Charakter einer Figur, der schon in der Plastik des Kopfes erscheinen kann. Der Beschauer sieht nicht im einzelnen, wie die Bewegung zustande kommt, doch wird jedes Kind sehr schnell damit vertraut, weil es mit größter Freude und zunehmender Geschicklichkeit zur Handpuppe greift und sich in ihre differenzierte Bewegungsmöglichkeit einlebt. Es ist wichtig, daß die einzelnen Figuren sowohl für den erwachsenen Spieler als auch für die Kinderhand nicht zu groß hergestellt werden, weil sonst leicht die Arme im Verhältnis zu kurz und somit abnorm oder beklemmend auf den Betrachter wirken. Unter Umständen kann für eine großzügige Bewegung oder für das Sitzen einer Figur die zweite Hand des Spielers hinzugenommen werden. Hierauf wird in dem Abschnitt über die Führung der Handpuppen noch ausführlicher hingewiesen.



## Herstellung der Handpuppen mit plastizierten Köpfen

Material: a) für die Köpfe
kleine ausgeblasene Eier
Tapetenkleister
Zeitungspapier
Sägemehl
dünne Pappe
(oder eine fertige Holzmodelliermasse z. B. von der Firma Faber)
Aquarellfarben
Hanf, Wolle und ungesponnene Schafwolle für die Haare
Alleskleber

b) für die Gewänder
einfarbige Stoffreste
helle Trikot- oder Filzreste für die Hände

**Der Kopf** (Höhe ca. 6 cm)

Ein Zeitungsblatt in kleine Schnitzel reißen und mit dem angerührten Tapetenkleister zwei bis drei Schichten auf das ausgeblasene Ei kleben. In die Spitze des Eies ein größeres Loch brechen, in welches ein Pappröllchen für den Führungsfinger eingeführt wird. Das Pappröllchen wird etwa 2 bis 3 cm von unten eingeschnitten und nach außen gebogen. Es dient später der Befestigung des Kleides. Wenn die Papierschichten gut getrocknet sind, umgibt man den ganzen Kopf samt Hals mit der aus Kleister und Sägemehl angerührten Holzmasse und formt das entsprechende Gesicht. Man kann auch aus einer fertigen Holzmodelliermasse ohne Ei den Kopf formen. Das Führungsloch und der Wulst am Hals für die Kleiderbefestigung werden gleich mitmodelliert.

Das Führungsloch sollte nur so tief sein, daß das oberste Glied des Zeigefingers hineinpaßt. Dies kommt der Armlänge zugute. Nach dem Trocknen des Kopfes können in beiden Fällen einzelne Stellen mit einem Schnitzmesser nachgearbeitet werden. Die Gesichtsfläche wird u. U. geschmirgelt und kann dann mit Aquarellfarben (Augen, Mund, Wangen) leicht angemalt werden. Mitunter ist die Tönung des Gesichtes leichter, wenn vorher die Haare auf den Kopf geklebt werden.

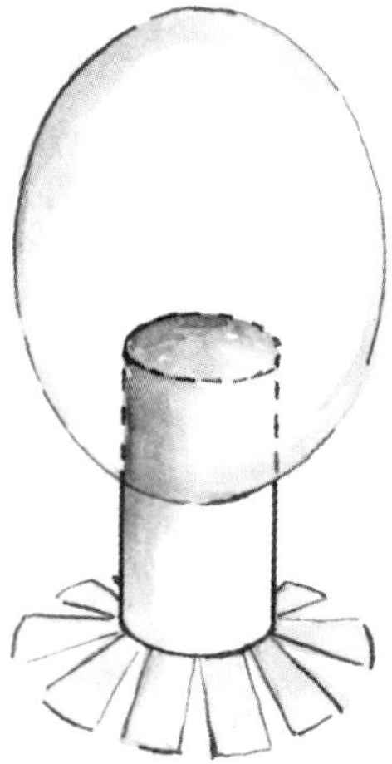

## Das Gewand

Am schönsten ist ein ziemlich weit geschnittenes Kleid, das mit und ohne Ärmel genäht werden kann. Es sollte ein leichter, gut fallender Stoff verwendet werden. Das Gewand kann aus einem rechteckigen Stück Stoff (60×38 cm) bestehen, mit einer rückwärtigen oder zwei Seitennähten. Die Hände brauchen nicht unbedingt in der Seitennaht zu sitzen. Dann ist vorne u. U. zu viel Stoff und im Rücken spannt er. Es ist günstig, den Einschnitt für die Hände etwa 10 bis 12 cm unter dem Halsfaden und etwa 8 cm rechts und links von der vorderen Mitte zu machen.
Wenn das Gewand mit Ärmeln zugeschnitten wird, so darf das Rückenteil auch weiter sein. Die Hände werden hohl am Kleid befestigt, so daß man hineingreifen kann.

Je nach Gestalt werden ein Umhang oder eine Stola sowie typische Kopfbedeckungen hinzukommen.

Für die Farben der Gewänder z. B. eines Märchenspieles sind Anhaltspunkte in dem Kapi-

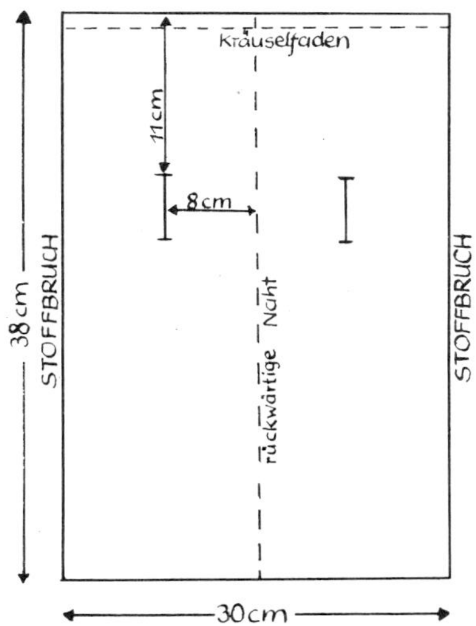


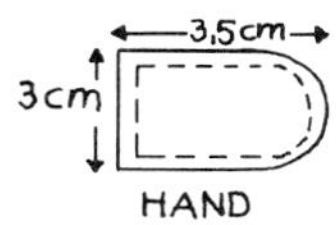


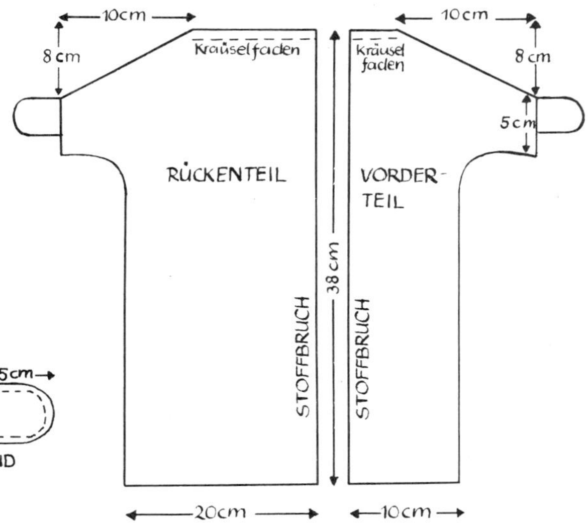

tel über die Herstellung der Marionetten (Seite 33 und 34) zu finden.
Das Gewand kann auch aus nur locker gehefteten Stoffstücken bestehen, die nur am Hals befestigt werden, wenn die Hände für eine Gestalt nicht so wichtig sind und eher eine großzügige Bewegung mit Hilfe der zweiten Hand des Spielers erreicht werden soll.

## Herstellung der Handpuppen mit Köpfen aus ungesponnener Schafwolle

Material: weißer Trikot,
zart rosafarbener Trikot,
ungesponnene Schafwolle,
starker weißer Faden (Zwirn oder MEZ-Stickgarn),
Strickwolle oder farbige Schafwolle für Haare,
einfarbige Stoffreste für die Kleider

### **Der Kopf** (Höhe ca. 6 cm)

Die gezupfte Schafwolle wird mit einem quadratischen Stück Trikot (weiß 20×20 cm) umgeben, zu einer festen Kugel geformt und abgebunden. Vom Halsfaden bis zum Scheitelpunkt sind es 6 cm Höhe.

An der Stelle eines Ohres wird der doppelte, starke Faden befestigt, einmal waagerecht um den Kopf gelegt, dabei sehr fest angezogen (der Faden muß kneifen) und am Ausgangspunkt gut befestigt. Den Faden noch ein halbes Mal herumlegen bis zum zweiten Ohr und hier gut befestigen, damit er nicht verrutschen kann.
Für den Hinterkopf die eine Hälfte des Fadens bis auf 2 cm über dem Halsfaden herunterziehen.
1 cm oberhalb des Halsfadens einen Kräuselfaden durchziehen, dann den Halsfaden ent-

fernen und den Kräuselfaden bis auf Fingerdicke zusammenziehen. Den Trikot bis auf 1 cm unterhalb des Kräuselfadens abschneiden. Mit dem Finger ein Loch in den Kopf bohren.

Den Überzugstrikot nach Abbildung zuschneiden. Die Maschen laufen senkrecht über das Gesicht.

Den Trikot über das Gesicht legen, in der Augenlinie gut anschmiegen und oben und hinten übereinanderstecken und zusammennähen. Am Hals weit übereinanderziehen, damit vorne am Kinn keine Falten entstehen.

In gleicher Höhe wie beim Untertrikot einen Kräuselfaden durchziehen.

Den äußeren Trikot bis auf 2,5 cm abschneiden, nach innen doppelt einschlagen und überwendlich annähen, so daß der Halsring versäubert wird. Am unteren Rand einen Kräuselfaden durchziehen, damit der Halsring zu einer Röhre wird.

Die Augen zuerst mit Stecknadeln auf der Augenlinie andeuten. Dann vom Ohr aus zum ersten Auge, von hier aus zum zweiten Auge und dann zum zweiten Ohr stechen. Der Augenstich ist etwa ½ cm lang. Darauf achten,

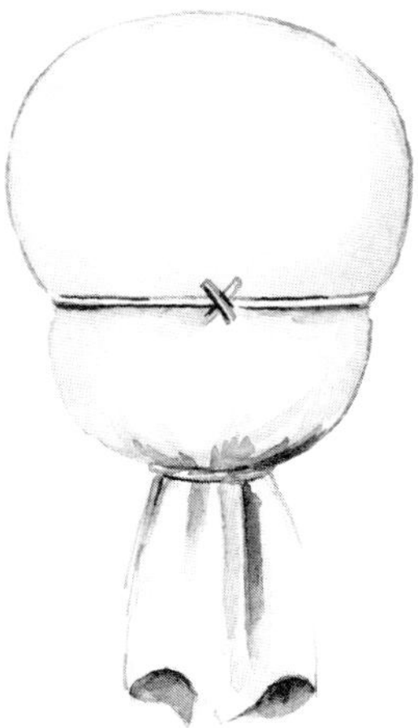

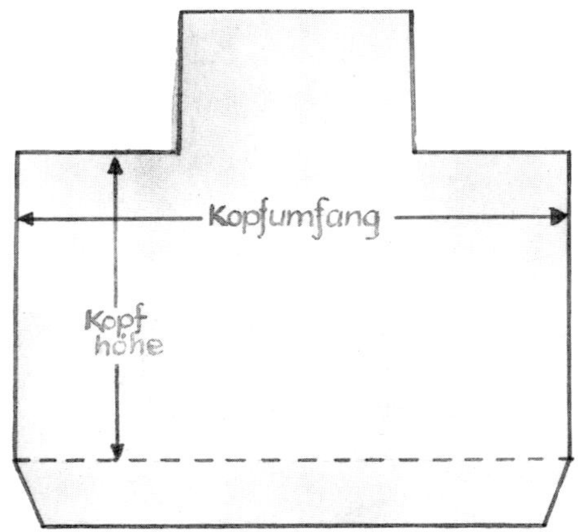

Überzugstricot

daß der Augenstich ganz waagerecht liegt und der Augenabstand nicht zu eng ist.
Mit einem blauen Buntstift werden die Augen übermalt. Der Mund, mit Rotstift angedeutet, bildet mit den Augen etwa ein gleichseitiges Dreieck. Bei diesen einfachen Figuren sollte kein Lachmund o. ä. gemalt werden.

## Die Haare

werden aus feingezupfter gelber oder brauner Schafwolle locker aufgenäht oder mit Strickwolle gestickt.
Für Pferdeschwanz und Struwwelhaare wird der obere Wirbel zum Mittelpunkt gewählt; für Zöpfe nimmt man einen Punkt jeweils etwas unterhalb des Ohres. Von da aus werden mit langen Spannstichen bis zum Haaransatz rings um den Kopf einzelne Teile markiert. Bei Zöpfen mit dem Bleistift einen Mit-

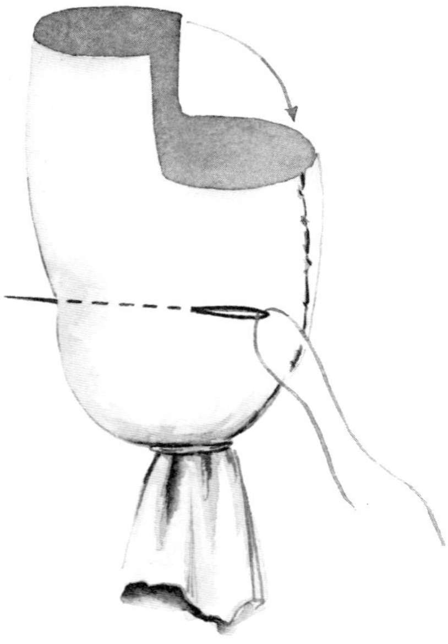

telscheitel dünn markieren und jeweils von einem Ohr bis zum Scheitel die Spannstiche ausführen, wobei nicht alle Stiche bis zum Ohr hinuntergehen, weil es da sonst zu dick würde. Jedes Teil wird dann für sich mit dichten Spannstichen ausgefüllt. Anfang und Ende der Fäden als Haare hängen lassen. Anschließend werden noch einzelne Haare dazwischen genäht, indem man durch den gleichen Wollfaden zurückstícht oder den Stich befestigt.

## Das Gewand

Siehe «Handpuppen mit plastizierten Köpfen».

## Die Kulissen

Als Bühne kann eine übliche «Guckkastenbühne», wie man sie meistens für das Kasperletheater benützt, verwendet werden. Am besten ist eine selbsthergestellte, mit großzügigen Abmessungen. (Eine improvisierte «Bühnenrampe» erhält man, indem man in einen Türrahmen ein Tuch spannt oder ein entsprechendes Brett montiert).
Die Kulisse im Hintergrund des Bühnenrau-

mes kann üblichermaßen aus bemalten Papieren bestehen, die je nach Szene ausgewechselt werden können. Wer verschiedene Lichtquellen zur Verfügung hat (d. h. von vorne, von hinten und von oben) kann in den Hintergrund einen sehr dünnen Seidenschleier hängen, auf den mit farbigen Seidenschleiern z. B. ein Schloß, Wald oder Gebirge locker aufgesteckt wird. Je nachdem, wie differenziert die Lichtquellen gehandhabt werden können, kann die gleiche Kulisse in ganz verschiedene Stimmungen, ja sogar Szenen verwandelt werden[7].
Wenn man mehrere Vorhänge spannt, bekommt der Innenraum vielfältigste Möglichkeiten des Szenenwechsels, ohne daß der vorderste Vorhang geschlossen werden muß. Man kann etwa bei einem Märchenspiel vom dunklen Vordergrund immer mehr zum lichten Hintergrund hinführen (z. B. grüne Vorhänge, Schloß lichtgelbe Vorhänge).

7 Ausführliche Anregungen hierzu sind in dem Buch «Plastisches Gestalten» von Anke-Usche Clausen und Martin Riedel, Stuttgart 1969, zu finden.

## Zum Führen der Figuren

Üblicherweise wird der Zeigefinger in den Kopf, werden Daumen und Mittelfinger in die Hände der Puppe gesteckt. Wer geschickt genug ist, kann auch den Zeige- oder Mittelfinger in den Kopf, Daumen und kleinen Finger in die Hände stecken.

Die Handpuppe wird von der Seite her in die Szene geführt. Man muß sehr darauf achten,

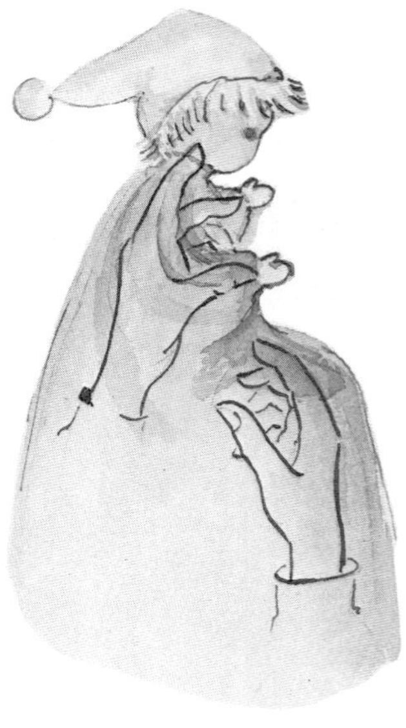

daß der Kopf eher leicht nach vorne geneigt als nach hinten abgeknickt erscheint. Für den Gang sollte eine ruhige und nicht ständig auf- und abwippende Bewegung eingeübt werden. Auch die Hände dürfen ruhig gehalten werden und brauchen nicht ständig gegeneinander zu klatschen. Verbeugungen wirken am schönsten, wenn sie vom Handgelenk des Spielers aus geschehen. Durch Abknicken nur des Fingers entsteht eher ein Kopfnicken. Wenn die Gestalt sitzen soll, kann die zweite Hand des Spielers die Knie andeuten.

Wenn Tiergestalten in einem Spiel gebraucht werden, so kann man sie jeweils auf einem Stock befestigen und durch die Szene führen. Tiere, die sich durch hineingeschlüpfte Hände «echt» bewegen können, wirken besonders auf jüngere Kinder faszinierend und leicht furchterregend. Wenn Tiere an einem oder zwei Stöckchen geführt werden, bleibt die Bewegung zurückhaltend und der Betrachter kann mit seiner Phantasie wirken.

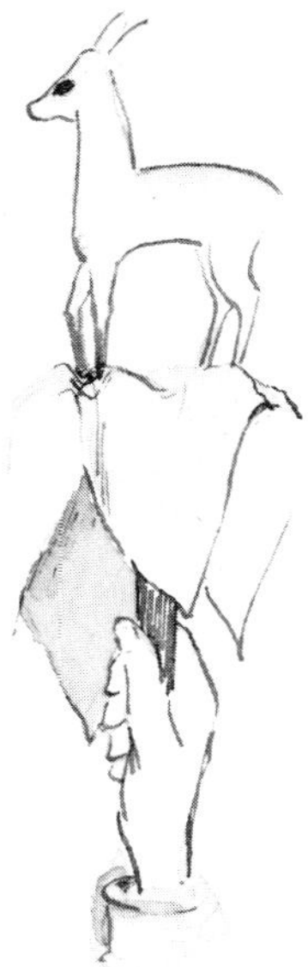

## Der Erzähler

Handelt es sich bei dem Spiel um ein Märchen, so sollte wie beim Marionettenspiel der Erzähler seitlich neben der Bühne sitzen und den Text vorlesen. Bei anderen Spielen – mehr improvisierter Art vielleicht – kann durchaus auch von den einzelnen Spielern gesprochen werden. Text und Bewegung kommen im spontanen Spiel dann leichter zusammen.

# Das Kasperlespiel

## Die Bedeutung des Kaspers für das jüngere Schulkind

Für Kinder der unteren Schuljahre bringt das Kasperlespiel ganz neue Erlebnismöglichkeiten, die von harmlosen Freuden und Späßen bis zur größten Spannung reichen. Beim Kasperlespiel sind die Zuschauer unmittelbar in die Handlung mit einbezogen, sind Mitspieler. Ohne ihr aufmerksames Mitgehen wäre der Kasper in mancher Situation hilflos. Träumendes Eintauchen in ein objektives Bildgeschehen wie beim Marionettenspiel in der Vorschulzeit ist hier nicht mehr am Platz. Denn mit größter Sinneswachheit nimmt der Kasper alles um sich herum wahr und läßt die Zuschauer daran teilhaben.

Der Kasper ist voller Witz und Lebensfreude. Trotzdem kann er auch traurig sein oder in scheinbar unlösbare Situationen geraten, so daß alle Mitleid mit ihm haben und mit ihm bangen. Letztlich siegt er über alle Konflikte durch seine unerschöpfliche Phantasie und fröhliche Art. Er hat einen gesunden Menschenverstand, ist schlagfertig und lebenspraktisch, mutig und absolut treu. Er setzt sich immer für das Gute und für die Gerech-

tigkeit ein. Böses wird bestraft, Gutes siegt. Andern gegenüber ist er immer hilfsbereit.
Das Kasperlespiel ist ein spontanes Spiel. Selbst wenn der Handlungsablauf gut geplant wurde – was in jedem Fall zu empfehlen ist –, so können durch die mitspielenden Zuschauer und ihre Begeisterung manche Situationen ausgespielt oder verändert werden. Dabei hängt selbstverständlich viel von der Phantasie und Wendigkeit des Spielers ab.

Diese knappen Ausführungen über das Kasperlespiel genügen vielleicht, um zu empfinden, daß der Kasper so recht eine Figur für das Schulkind ist. Dieses kann sich mit ihm in jeder Lage ganz identifizieren und kann ohne unerwünschte Folgen alle Nöte, Freuden und Aufregungen durchstehen. Tief Befriedigt über das gute Ende und munter plaudernd gehen die Kinder nach Hause. Mit zunehmend wacher Vorstellungskraft rufen sie sich die eine oder andere Szene noch einmal vor das innere Auge und überlegen sich vielleicht Konsequenzen, die sich ergeben hätten, wenn eine Situation anders verlaufen wäre. Solch ein Mit-, Voraus- und Nachdenken und -leben ist für Schulkinder sehr erquicklich, weil ihnen die Kraft dazu zur Verfügung steht. Dadurch können sie sehr schnell auch wieder über der Sache stehen, sich von ihr distanzieren. Dies ist noch nicht der Fall bei Vorschulkindern, weshalb man sie dazu nicht unbedingt schon herausfordern muß.

## Figuren im Kasperlespiel

Zu den engsten Mitspielern des Kasperle gehört an erster Stelle die Großmutter, die er liebt und für die er alles tut. Bei ihr kann er sich jederzeit Rat holen. Obwohl sie ihn mit seiner Pfiffigkeit und Überlegenheit kennt, lebt sie in Sorge um ihn.
Des Kaspers unzertrennlicher Freund ist der Seppel. Er ist ein wenig tollpatschig und verschlafen, er ißt gerne gut, und mit der Wahrheit hält er es nicht immer so genau. Dadurch entstehen manche Konflikte. Doch trotz all dieser Schwächen ist er gutmütig. Er liebt seinen Kasper und geht für ihn durchs Feuer. Der Kasper ist ihm gegenüber ein liebevoller Pädagoge, der ihn mit Scherz und Phantasie zur rechten Tat bringt.
Die Gretel ist durch alle Tugenden einer guten Hausfrau gekennzeichnet. Sie liebt den Kasper. Auch er hat sie gern. Sie hilft ihm in allen Lebenslagen, sagt ihm aber auch kräftig die Meinung.
Weitere typische Figuren im Kasperlespiel

sind z. B.: die Hexe, der Zauberer, der König, die Königin und die Königstochter, der Königssohn, die Kammerzofe, der Räuber und andere Unholde; Fredus (ein Sommersprossenbübchen), der Müller, ein Bub, ein Mädchen.

## Das Kleid des Kaspers – Requisiten

Die Kleidung des Kaspers bringt schon seine ganze Fröhlichkeit zum Ausdruck. Er trägt ein lustig buntes Kleid mit einer zackigen Halskrause. An der herunterhängenden Spitze seiner Zipfelmütze ist ein Glöckchen befestigt, das zu allen passenden und manchmal unpassenden Gelegenheiten läutet und oft sein Erscheinen schon vorher ankündigt.
Besonders wichtig, ja unentbehrlich sind für das Kasperlespiel die *Requisiten* wie z. B. Besen, Körbchen, Schatzkiste, Blumenstrauß.

## Kinder spielen mit Handfiguren

Selbstverständlich greifen auch die Kinder mit größtem Vergnügen zu den Handpuppen und Kasperlefiguren. Mit wachsender Geschicklichkeit ihrer Hände und mit zunehmendem Einfühlungsvermögen in den Gefühlsreichtum können sie Innerlichkeit zum Ausdruck bringen. Wenn sie dazu auch über eine gut ausgebildete Phantasie verfügen, die in den vorangegangenen Jahren kräftig ausgebildet wurde, so steht einer originellen Aufführung, zu der Vater, Mutter und Geschwister mit herangezogen werden können, nichts mehr im Wege.
Durch solche Spiele sind die Kinder wirklich ihrem Alter entsprechend allseitig und sinnvoll gefordert. Man kann sie vielleicht anregen, zu einem bestimmten Fest ein Stück zu planen. Dazu müssen dann gewiß einzelne Figuren ergänzt und Kulissen hergestellt werden. Auch malen sie gerne Plakate und beschriften Eintrittskarten. Je nach Alter werden sie dabei die Hilfe der Eltern oder Erzieher nicht entbehren können. Das aber gibt ihnen Sicherheit und beflügelt die Vorfreude auf die Unternehmung.

## Die Bedeutung der unterschiedlichen Führungsarten im Puppenspiel für die verschiedenen Altersstufen der Kinder

Schaut man auf die in diesem Büchlein dargestellten Puppenspiele zurück, so lassen sich im wesentlichen drei verschiedene Führungsmöglichkeiten der Figuren unterscheiden. Von *außen* werden die Stehpuppen und im Zusammenhang damit die Tiere gegriffen; von *oben* werden die Marionetten und von *innen* die Handfiguren geführt. Eine vierte Art, nämlich von *unten,* ergibt sich im Handpuppenspiel für die Führung der Tiere. (Siehe Seite 58).

Wer diese unterschiedlichen Führungsarten unbefangen auf sich wirken läßt und ihren Bewegungsimpulsen nachspürt, wird finden, daß in jeder Art sich etwas Bestimmtes ausspricht und, daß sich Beziehungen zu einzelnen Entwicklungsepochen des Kindes kundtun.

Für das ganz kleine Kind vor dem dritten Lebensjahr ist das Spiel besonders angemessen, das zunächst mit den Händen und später unter Hinzunahme einfacher Figuren, die stehen können und von außen geführt werden, gespielt wird. Das Kind ist ja gerade dabei, sich täglich Schritt für Schritt die engste Umgebung zu erobern. Alles Erreichbare wird beklopft, begriffen oder umhergeschleppt. Dabei ertönen muntere Laute, die zunehmend geformter werden durch das intensive Hineinlauschen in den Wortklang der Umgebung.

So wie das Kind selbst, lebt alles in seinem Umfeld, und die Beziehung zu den Dingen wird handelnd und sprechend aufgenommen.

Wenn dann der Vater oder die Mutter einen rhythmischen Vers spricht und die eigenen Hände oder kleine Figuren dazu sinnvoll bewegt, so wird das alltägliche Tun des Kindes in eine – wenn auch sehr bescheidene – künstlerische Sphäre gehoben. Wie erfrischend kann der Klang eines Reimes wirken; er ist soviel wichtiger als etwa das Verständnis für den Sinn.

Bewegung und Sprache – aufs engste miteinander verknüpft – gewinnen gerade auf dieser frühen Stufe durch dieses schlichte künstlerische Tun eine deutliche Differenzierung.

Wenn das Kind älter wird, greift es selbst nachahmend zu den Figuren. (Siehe hierzu

das Kapitel: »Wie Kinder nachahmend . . .«, (Seite 24). Nachdem es in seinem dritten Lebensjahr eine erste Icherfahrung gewonnen hat und nun merklich in ein neues Verhältnis zu seiner Umgebung tritt, wird es fähig, einem Szenenzusammenhang zu folgen. Dies kann allein über das Wort geschehen, z. B. durch kleine Märchenerzählungen oder durch ein Figurenspiel. Man sollte allerdings darauf achten, daß den Kindern in bezug auf das Stillsitzen nicht zuviel zugemutet wird. Eine Steigerung auf 20 bis 25 Minuten für das schulreife Kind ist vollkommen ausreichend. Für kleine rhythmische Geschichten oder einfache Erzählungen in Prosa eignen sich weiterhin besonders gut die Stehpuppen. Der feine behutsame Umgang damit beim Führen von außen wird immer geschickter von den Kindern nachgeahmt. Solch ein Tun bereichert nicht nur das kindliche Spiel, sondern schafft in ihm Augenblicke, in denen mit den gewohnten Dingen auf besondere Weise gehandelt und gesprochen wird. Feine Beziehungen zwischen Menschen, Tieren und Dingen finden darin ihren Ausdruck.

Bei Märchenaufführungen für Kinder vor ihrer Schulzeit sind die einfachen Marionetten besonders geeignet. Was kann sich durch dieses »Von-oben-geführt-Werden« dem kindlichen Erleben unbewußt offenbaren? Wenn das Kleinkind Gehen, Sprechen und Denken lernt, so geschieht das, indem es sich vertrauensvoll nachahmend an den Menschen seiner Umgebung orientiert. In diesem hingebungsvollen Tun wurzelt jenes auf späterer Stufe gedanklich faßbare Verständnis für die Hingabefähigkeit des Erwachsenen an höheres geistiges Wirken. Schon als kleines Kind können ihm die Begriffe Gott, Engel oder auch Schutzengel durch Erzählungen, Sprüche und Lieder vertraut sein. Und durch die innere Haltung des Erwachsenen dieser höheren Welt gegenüber können selbstverständliche Anerkennung und Ehrfurcht in der kindlichen Seele wachsen.

In der freilassensten Weise kann durch das Marionettenspiel das Geführtwerden aus höheren Bereichen im Bilde erscheinen[8]. Hier ist es allerdings ein Mensch, der die Fäden zusammenhält und an Hand eines weisheitsvollen Märchentextes Schicksalsgeschehen

8 Ausführliche Hinweise bei R. Meyer, Die Weisheit der deutschen Volksmärchen. 7. Aufl. Stuttgart 1976
F. Lenz, Bildsprache der Märchen. 3. Aufl. Stuttgart 1976
R. Geiger, Mit Märchen im Gespräch. Stuttgart 1972

vollzieht. Er kann es – durch die Einfachheit der Marionette bedingt – auch nur in selbstloser, objektiver Weise tun, weil differenzierte Seelenregungen nur angedeutet und stets vom zuschauenden Kind – angeregt durch den Text – selbst erzeugt werden müssen. Es kann hier auf die Bedeutung der Märchen nicht näher eingegangen werden.

Ein ganz anderes Erlebnis entsteht, wenn die führende Hand des Spielers in die Figur hineinschlüpft und sie von innen beseelt. Und weil jetzt etwas Beseeltes innen ist, kann es in der mannigfaltigsten Weise nach außen zum Ausdruck gebracht werden.

Zusammenfassend kann gesagt werden, daß die verschiedenen Führungsarten im Puppenspiel den Entwicklungsstufen des Kindes entsprechen. In der ersten großen Entwicklungsepoche bis etwa zur Schulreife lebt das Kind noch ganz hingegeben an die Vorgänge in seiner Umgebung. Alles kommt von außen auf es zu und wird selbst handelnd ergriffen. Erst langsam wächst im Kind ein Seelenvermögen, verinnerlichter zu erleben und zu handeln. In Korrespondenz dazu scheint zunächst das Führen der Figuren von außen und – wie schon angedeutet – von oben geeignet und erst später das Beseelen und Führen von innen.

Selbstverständlich kann für alle späteren Lebensstufen das Figurenspiel, besonders mit komplizierten Marionetten von großer künstlerischer Bedeutung bleiben.

Die Gedanken dieses Schlußkapitels sollen nur als Anregung verstanden werden. Sie mögen alle suchenden Spieler, Eltern und Erzieher eigene, neue Beziehungen finden lassen.

## Anregungen zum Inhalt von Kasperlstücken

*Von Hanne Huber*

Es ist gut, beim Üben von Kasperlstücken mit kleinen Szenen zu beginnen. Der Inhalt kann einfach aus dem Alltag genommen sein, denn Erlebnisse der Kinder aufzugreifen und fortzuführen, ist ein wichtiger Bestandteil des Kasperltheaters.

1. Beispiel: Kasper geht auf und ab, trällert vor sich hin und guckt in die Luft. Unter den Kindern hustet's oder rückt's. – Kasper guckt zu den Kindern: «Ach, ihr seid auch da – ja gut, ich hab grad gemeint, ich wäre ganz allein, das war soo langweilig.»
Da kommt ein Mäusle (aus Stoff, am Draht unten geführt) und sagt: »Wie gut, daß du da bist, Kasper, meinen Kindern ist es soo kalt.« Kasper: «Wenn du mir versprichst, nicht mehr von meinem Käse zu nagen, dann geb ich dir was Schönes.» Mäusle nickt. Er zupft an seinem Schal Flusen ab, wirft sie in die Luft, und die Maus muß sie mit dem Schnäuzchen erreichen (lustiges Spiel). – (Mit einer Stecknadel kann man die Flusen an das Mauseschnäuzchen stecken.)
Die Maus läßt den Kasper bald an der rechten, bald an der linken Wange spüren, wie weich die Flusen sind (über die Schultern, immer rascher). Schließlich schickt der Kasper, in die Hände klatschend, das Mäuschen zu seinen Kindern.
Kasper macht sich's gemütlich – mal sehen, wer jetzt kommt.
Für die Kleinen ist es gut, wenn Tiere, Pflanzen, ja Dinge sprechen. Das Geschehen ist noch ganz einfach und klar im Nacheinander. Bei älteren Kindern braucht man auch in der Handlung mehr Dramatik; die Bildfolge kann komplizierter sein.

2. Beispiel für sechs- bis achtjährige Kinder: Gretel will für Großmutters Geburtstag Kuchen backen, Kasper kauft gerne ein. Er verwechselt und verdreht die Zutaten: 2 Pfund Eier, 5 Stück Mehl usw. . . Die Kinder helfen beim Kaufmann; Kasper mit seinem Korb begegnet einem Kätzle, das durstig nach Milch verlangt. Kasper gibt ihm aus der hohlen Hand, bis die Milch alle ist. Seppl begegnet ihm, umarmt ihn stürmisch, dabei zerbrechen Eier. Wie soll Großmutter zu ihrem Kuchen kommen? – Der Bäcker steht jammernd vor der Türe: «Mein Bäckerjunge ist krank, wer trägt die Brötchen aus?» Kasper macht's! Bäckermütze auf, und mit Witz und

Charme verteilt er Brötchen und gute Laune. Zur Belohnung bekommt er vom Bäcker eine köstliche Torte, und Gretel, die so arg auf ihn wartet, fällt ihm vor Freude um den Hals.

3. Ein Beispiel für ältere Kinder (8–11 Jahre): Der königliche Herold macht bekannt, daß die Königstochter in Not sei; wer Mut hat, ihr zu helfen, möge aufs Schloß kommen. Kasper und sein Freund Seppel haben auch zugehört und wollen sich gleich morgen früh auf den Weg zum Schloß machen.

*Morgens:* Kasper wartet, Seppel kommt nicht, er unterhält sich mit den Kindern; sicher schläft Freund Seppel noch, er will ihn wecken gehn (ab) – da kommt Seppel von der anderen Seite, wischt sich den Schlaf aus den Augen, läuft dem Kasper hinterher – Kasper kommt wieder von hinten: «Seppel ist nicht zu Hause.» Die Kinder erzählen, daß er ja grad dort hinausgelaufen ist. Kasper beeilt sich, Seppel beeilt sich – immer rascher, Kasper dreht um, sie stoßen zusammen und Seppels Brötchen und Äpfel kullern aus dem Sack. Köpfereibend sammeln sie alles wieder ein (Seppel langsam, stöhnend, Kasper lustig, rasch).

Dann machen sie sich hübsch für die Königstochter: Seppel steckt dem Kasper eine Blume ins Knopfloch, und Kasper putzt dem Seppel die Eierreste vom Hemd. Ab. Vorhang.

*Schloß:* Königstochter und ihre Zofe.

Königstochter weint: «Als ich mit meinem geliebten goldenen Ball im Schloßgarten spielte, warf ich ihn zu hoch, er fiel über die Mauer, und ein Räuber holte ihn weg. Ich sah durch die Mauerritze gerade noch seinen schwarzen Hut.»

Es klopft ungestüm: Kasper und Seppel:

«Königstochter laß uns ein,
Kasper ist's und Seppel dein.
Öffne, öffne rasch das Tor,
denn wir stehen ja davor.»

Die Zofe schaut zum Fenster hinaus, läßt die beiden ein. Verneigung der beiden. Die haben schon durchs offene Fenster die Klage der Königstochter vernommen und brennen vor Ungeduld, dem Räuber aufzulauern. Nur brauchen sie: ein Glöckchen, das so klingt, wie dem Kasper seines, und ein Stück Schnur. Ab. Vorhang.

*Räuberhütte:* Räuber Rumpelbauch wartet auf Räuber Krummbein. Räuber Krummbein kommt atemlos herein, legt die Goldkugel auf den Tisch, beide «tanzen» – jeder auf seine Weise: «Das hast du (hab ich) famos gemacht, das gibt eine tolle Nacht.»

Sie trinken und lachen.

*Wald:* Kasper im Dunkeln voran, Seppel zö-

gernd, zagend hinterher. Seppel ist so müde und hat Hunger. Erst muß er sich setzen und vespern. Kasper muntert ihn auf.
Dann sehen sie im Räuberhaus Licht blinken. – Seppel geht keinen Schritt weiter, ihm schlottern die Knie – er bleibt hier. Kasper schleicht sich bis nahe an das Räuberhaus heran, am dicht vor der Tür stehenden Baum bindet er oben das Glöckchen fest, das läutet im Wind wie sein eigenes. Dann klopft er auf der Hinterseite mit seinem Glöckchen an das Fenster. «Horch», hört man Innen sagen, «der Kasper ist da, mit dem werden wir schon fertig», und man hört sie Unverständliches murmeln. Als Kasper erneut läutet, stürzt Räuber Krummbein heraus – der andere ist, für Kasper unsichtbar, mit der Kugel in die Richtung, wo Seppel liegt, abgegangen. Räuber Krummbein hört die Glocke im Baum, glaubt, daß Kasper sich hinter dem Baum versteckt hat, und will ihn dort fangen: Er läuft auf den Baum zu, stößt dabei mit dem Kopf gegen einen Ast, hält sich den Schädel und jammert. Kasper geht ins Räuberhaus und sucht die Kugel, findet sie nicht, sucht und sucht und wirft alles durcheinander.
Nun hört er Schritte von Räuber Krummbein, der schimpft: «Diese vermaledeite Kasperbrut hängt eine Glocke in den Baum und ich dachte, er ist's selber – na warte, wenn ich dich erwische.» Kasper schlüpft zur Hintertür hinaus, der Räuber sieht es nicht und sucht nun Kasper schimpfend in allen Ecken.
Kasper spitzt immer wieder, sein Glöckchen festhaltend, durchs Fenster, um die Goldkugel zu sehen. Als aber Rumpelbauch auch nach Hause kommt, geht Kasper traurig zu Seppel zurück.
Seppel sitzt der Schreck noch in den Gliedern, stotternd bringt er hervor: «Räuber war da – hat etwas Blitzendes vergraben – da – da.»
Dem Kasper geht ein Licht auf; sie haben sich zugeflüstert, Rumpelbauch solle die Kugel vergraben! Wie gut, daß Seppel da saß! Rasch graben sie nach und finden die Kugel. Nun graut der Morgen schon, und sie bringen sie der Königstochter zurück. Diese freut sich und will die Kugel nie wieder so hoch werfen.
Morgen wird auf dem Schloß ein großes Fest sein, und Gretel und Kasper und Großmutter und Seppel sind eingeladen. Da bekommt der Kasper für seine Gretel eine feine Halskette zum Dank und der Seppel einen Korb mit leckeren Bissen. Die Räuber aber ärgern sich über die leere Grube so sehr, daß sie in Streit geraten und in die Grube fallen.

# Bezugsquellen

*Schafwolle und Krempelflor:*

Firma HWG
Dr. Heinrich Pabst und Co. KG
Hauptstraße 31
D-5250 Engelskirchen 2
Ründeroth

Deutsche Wollverwertung GmbH
Finningerstraße 60, 7910 Neu-Ulm
oder Wollmarktstraße 115, 4790 Paderborn

*Wollspinnerei*

Georg Schlehaide & Sohn
8399 Kößlarn (Rottal)

Goldvlies GmbH
8660 Münchberg, Postfach 366

*Wollkämmerei*

Theodor Godosar
Graben 15, 6310 Grünberg

*Kardierte Wolle:*

Shetland/grau, Kamelhaarmischung:
Konrad und Traudel Sitzinger
Aichelbergweg 2, D-7325 Eckwälden

*Seide*

Seidenhaus Reinhard
Löwengrube am Dom, 8000 München 2

*Schleierseide*

Awiseta
Rommelsmaar 19, 4050 Mönchengladbach 2

*Seidenreste:*

Paula Neumann
CH-4143 Dornach, Herzentalstraße

## Arbeitsmaterial aus den Waldorfkindergärten

### 1 Spielzeug - von Eltern selbstgemacht

Von *Freya Jaffke.* 16. Auflage, 100 Seiten mit zahlreichen Zeichnungen, kartoniert

### 2 Getreidegerichte - einfach und schmackhaft

Von *Freya Jaffke.* 10. Auflage, 52 Seiten, kartoniert

### 3 Färben mit Pflanzen

Textilien selbst gefärbt. Historisches und Rezepte für heute, dargestellt und illustriert von *Renate Jörke.* 7. Auflage, 71 Seiten, kartoniert

### 4 Singspiele und Reigen

für altersgemischte Gruppen. Aus dem Waldorfkindergarten Hamburg, zusammengestellt von *Suse König.* 6. Auflage, 56 Seiten, kartoniert

### 5 Kleine Märchen und Geschichten

zum Erzählen und für Puppenspiele. 8. Auflage, 55 Seiten, kartoniert

### 6 Rhythmen und Reime

Gesammelt bei der Vereinigung der Waldorfkindergärten Stuttgart. 6. Auflage, 64 Seiten, kartoniert

## Arbeitsmaterial aus den Waldorfkindergärten

### 7 Puppenspiel

Anleitungen für die Einrichtung verschiedener Spielmöglichkeiten und die Herstellung einfacher Figuren. Von *Freya Jaffke.*
3. Auflage, 68 Seiten, kartoniert

### 8 Hänschen Apfelkern

Kleine Märchen und Geschichten zum Erzählen und Spielen. Gesammelt und bearbeitet von *Bronja Zahlingen.*
5. Auflage, 50 Seiten, kartoniert

### 9 Zwerge

Wie man sie sieht, wie man sie macht, wie man mit ihnen umgeht. Zusammengestellt von *Johanna-Veronika Picht.* 2. Auflage, 54 Seiten, kartoniert

### 10 Tanzt und singt!

Rhythmische Spiele im Jahreslauf. Zusammengestellt von *Freya Jaffke,* mit Zeichnungen von Christiane Lesch. 2. Auflage, 100 Seiten, kartoniert

### 11 Das spielende Kind

Beobachtungen und Erfahrungen einer Kindergärtnerin. Von *Ingeborg Haller.* Mit Zeichnungen von Almuth Regenass-Haller. 2. Auflage, 67 Seiten, kartoniert

### 12 Spiel mit uns!

Gesellige Spiele für Kinder von 3 - 6 Jahren. Von *Freya Jaffke.* Mit Zeichnungen von Christiane Lesch. 80 Seiten, kartoniert.

**Verlag Freies Geistesleben**